U0500348

【学术文库】

新时代中国金融安全及治理研究

何维达 刘立刚 等◎著

知识产权出版社

全国百佳图书出版单位

图书在版编目（CIP）数据

新时代中国金融安全及治理研究/何维达等著. —北京：知识产权出版社，2018.2

ISBN 978-7-5130-5310-5

Ⅰ.①新… Ⅱ.①何… Ⅲ.①金融风险—风险管理—研究—中国 Ⅳ.①F832.1

中国版本图书馆 CIP 数据核字（2017）第 298142 号

内容提要

十九大报告强调新时代中国特色社会主义思想，并进一步强调维护国家安全的重要性。在国家安全中，金融安全的重要性毋庸置疑。2008 年全球金融危机和 2010 年欧洲主权债务危机的爆发，给全球经济带来严重的负面影响，并引发了西方发达国家对其金融体系的深刻反省。新时代背景下金融安全的最主要特征就是：金融是现代经济的命脉，金融安全事关社会的稳定；与金融安全有关的债务风险、房地产风险和互联网金融风险，构成新时代金融安全的三大风险，必须引起高度重视。在上述研究的基础上，本书提出了一些维护我国金融安全的政策建议，仅供参考。

责任编辑：蔡　虹

封面设计：邵建文　　　　　　　　　　　　　责任出版：刘译文

新时代中国金融安全及治理研究

何维达　　刘立刚　等著

出版发行：知识产权出版社 有限责任公司		网　　址：http：//www.ipph.cn	
社　　址：北京市海淀区气象路 50 号院		邮　　编：100081	
责编电话：010-82000860 转 8324		责编邮箱：caihong@cnipr.com	
发行电话：010-82000860 转 8101/8102		发行传真：010-82000893/82005070/82000270	
印　　刷：虎彩印艺股份有限公司		经　　销：各大网上书店、新华书店及相关专业书店	
开　　本：787mm×1092mm　1/16		印　　张：14	
版　　次：2018 年 2 月第 1 版		印　　次：2018 年 2 月第 1 次印刷	
字　　数：208 千字		定　　价：59.00 元	
ISBN 978-7-5130-5310-5			

摘　要

　　十九大报告强调新时代中国特色社会主义思想,并进一步强调维护国家安全的重要性。在国家安全中,金融安全的重要性毋庸置疑。2008 年全球金融危机和 2010 年欧洲主权债务危机的爆发,给全球经济带来严重的负面影响,并引发了西方发达国家对其金融体系的深刻反省。我国的金融开放进程越来越快,不仅面临着危机四伏的国际金融大环境,而且面临以互联网为平台的金融创新的影响。互联金融创新给社会和人们的生活带来诸多便利的同时,也带来了新的金融安全问题。在这种背景下,研究新时代中国金融安全问题,不仅具有重要的学术价值,而且具有重要的现实意义。本专著的主要研究内容如下。

　　第 1 章,导论。主要讨论当前的经济环境,提出金融安全问题的重要性和紧迫性。新时代背景下金融安全的最主要特征就是:金融是现代经济的命脉,金融安全事关社会的稳定;与金融安全有关的债务风险、房地产风险和互联网金融风险,构成新时代金融安全的三大风险,必须引起高度重视。

　　第 2 章,相关概念及文献综述。本章首先介绍了国内外关于产业安全的含义、特征、影响因素及其对产业安全的评估等理论和方法,然后介绍了国内外金融安全研究的动态,主要为后面的研究铺垫基础。

　　第 3 章,新时代背景下金融安全的影响因素分析。本章阐述了金融安全及其影响因素,由一般产业安全的含义及影响因素,给出金融安全的含义及影响因素,并分别讨论外部因素及内部因素以及传导机制。

　　第 4 章,金融发展、金融安全与实体经济安全。本章主要从如下三个方面研究金融发展与实体经济安全之间的关系，一是虚拟经济与实体经济的关系，二是金融健康发展对经济安全的促进作用，三是金融发展对经济安全的背离趋势。

第5章，银行信贷质量与金融安全分析。本章研究了银行风险效应在中国的存在及其动态性；进一步，本章对异质性问题进行了综合验证，发现面对货币政策冲击，资本充足率高、收入多元化的银行更重视信贷质量，但却表现出更高的风险偏好。从董事会特征来看，规模大、独立性强的董事会更偏好于风险行为，在"风险效应"中表现得更为激进。因此，对于金融安全风险（包括银行风险）应该实施差别化管理。

第6章，中国房地产金融风险分析。本专著利用我国最近10年省级面板数据，通过测算房价对其正常价格的偏离度量房价过快上涨程度，并检验了开发商、购房者与地方政府三类投机主体在房价过快上涨中的作用。研究发现：（1）在非信贷类资金的支持下，开发商的捂盘、囤地等投机行为推动了房价过快上涨；（2）购房已成为家庭投资的重要渠道，按揭贷款与投机性需求相结合拉动了房价过快上涨；（3）由于土地财政的利益驱使，地方政府成为导致房价过快上涨的非市场原因。

第7章，中国互联网金融安全案例分析。本章主要从多视角角度系统地研究互联网金融问题。对互联网金融的安全、对互联网时代传统商业银行的金融安全问题进行了深入探讨，给出了解决问题的建议方案。

第8章，新时代背景下互联网金融监管博弈分析。本章分别从互联网金融监管演化博弈模型、互联网金融机构和监管机构行为博弈模型及互联网金融机构和监管机构演化博弈等多视角进行深入分析，并且提出了相应的应对措施。

第9章，中国金融安全与公司治理。本章主要研究公司治理对金融安全的影响与测度股本规模的效率关系。选用了从2009—2013年以来国内16家上市银行的财务指标数据进行实证研究。本章首先构建国内上市银行的财务绩效指标，运用因子分析法计算出每年各银行的财务绩效综合分值，然后分析各阶段各银行的股本规模大小，并与财务绩效分值进行比较，最后得出一些重要结论。

第10章，中国金融安全操作风险的实证分析。操作风险也是继市场风险和信用风险后的又一大类风险。本章利用蒙特卡洛模拟，以损失分布和极值理论模型为基础，对操作风险损失数据进行建模并计算出操作风险的在险价值。

第11章，维护金融安全的政策建议。本章在上述研究的基础上，提出了一些维护我国金融安全的政策建议，仅供参考。

CONTENTS

目　录

1 导　论

1.1 研究背景及意义

2008 年全球金融危机和 2010 年欧洲主权债务危机，给全球经济带来严重影响，直到现在全球经济仍然没有得到有效的恢复。近几年，美国经济维持温和复苏，但特朗普政策的不确定性仍将是抑制经济增长的关键因素。欧洲的政治风险并未完全消除，匈牙利、意大利、塞浦路斯、希腊中的任何一个国家都可能成为下一只"黑天鹅"，而作为主要发达国家的法、德之间也仍有嫌隙。部分新兴经济体超跌反弹的惯性并未完全消失，比如，巴西有望实现正增长，但国内政治格局和财政状况影响着拉美部分经济体以及南非和土耳其等国经济复苏的延续性。中国长期崛起的比较优势仍然存在，党的十九大政策方略是实现中国崛起之梦的关键。但是，实体经济增长依旧疲弱，"资产荒"仍将延续甚至加深，另外主要央行资产负债表终将"瘦身"也令全球资产价格面临冲击，因此未来的不确定性有可能增加金融的风险性，这一点必须引起高度关注。

全球金融危机及其影响让人们看到了西方发达国家金融体系的缺陷，动摇了对传统金融治理的基础和信心，影响着监管者和市场主体的行为。英国有关当局提出了《英国财务报告理事公司治理和管理规范》，以及《沃克规则和金融机构公司治理报告》，欧盟委员会制定了《金融机构公司治理和公司治理评估绿皮书》，美国通过了《多德－法兰克公司治理提议》和萨班斯－奥克斯利法案续集，等等。人们从监管和市场主体两个维度进行反思，并拟构建新的金融治理框架。

金融危机之后一个重要的变化是西方大型银行对巴塞尔协议的重视前所未有。这个从 1998 年就开始推出的巴塞尔协议，在发达国家的金融机构，特别是在一些国际知名的大银行里早期根本就没有认真执行过。甚至在 2004 年 6 月正式发布 Basel Ⅱ 时，也未见哪个西方国家金融部门有所动作。应该说 Basel Ⅱ 真正确立了资产与风险之间的动态联系机制，构建了三大支柱为核心的资本监管体系，是有效控制风险的制度安排，但依然不为西方国家监管部门所动。与此相反，我国的监管部门却热衷于对 Basel 协议的实行。现在来看，发达国家当时是出于对其市场和自身管理体系的信心，对金融监管不太热衷。金融危机爆发之时，欧美才开始推行 Basel Ⅱ，也主要是在监管部门内部执行，没有真正落实到金融主体，而危机的发源地美国并没有完全推行。金融危机之后推出了 Basel Ⅲ，尽管监管要求和成本较高，但不少大银行特别是深陷危机的大银行都心悦诚服地接受，并身体力行。一方面是他们真正能感觉到危机和风险确实存在，另一方面以严格和审慎监管著称的 Basel Ⅲ 协议重塑市场对银行的信心。目前，对西方发达国家来说，金融安全不仅关系到人民的福祉，更关乎经济、政治的稳定，乃至政权的稳固，故金融安全受到高度重视。

中国作为世界第二大经济体，因人民币国际化程度不高，对外部金融市场和货币的直接影响有天然的屏障作用，但也不能说在金融全球化的今天就高枕无忧了。由于受国际贸易的影响，危机依然可以作用于金融领域。中国海关总署统计，2016 年我国货物贸易达到 3.685 万亿美元，仅次于美国，跌到第二名的位置。从中国人民银行最新发布的数字来看，2016 年全国跨境贸易人民币结算业务累计达到 5.23 万亿元，同比大增 12.8%，反映了人民币国际化持续飞速发展的情况。据环球银行金融电信协会（SWIFT）的报告称，从 2013 年起，人民币已成功超越欧元成为第二大国际贸易融资货币。到 2015 年，中国已和 33 个国家和地区开展了货币互换协议，金额达到 3 万多亿元。2013 年 12 月 11 日，美联储宣布了为应对金融危机而采取的措施之一，开放式量化宽松政策 QE3，从 2014 年起每月消减 100 亿美元之后，全球黄金、白银、大宗商品市场和股市产生了巨大的震荡。中国无一例外，这进一步说明金融安全的风险可能来自多个方面。

对于中国的金融体系来说，既要承载着社会的责任，承担着自身经营的风险，也要承担着外部面临的各种风险。2012—2016 年，国家经济增长跌落至两位数以下，2016 年仅增长 6.7%，由此产生的钢铁、水泥、电解铝、平板玻璃、船舶等产能过剩问题，拉响了银行对相关领域资产状况的警报。而以温州为典型的小型钢贸企业资金链断裂问题，更使银行难堪重负。同时，由于最近 10 多年的房地产价格的不断攀升，存在房地产泡沫破灭的风险。从银行自身来看，随着市场主体的多样化，操作风险却远没有过去那么简单。最近一个例子，工行与中诚信托合作的 30 多亿元的理财产品，因投资方振富能源资产链断裂无法支付，其官司打得不可开交。但无论如何，涉及工商银行数千个个人客户。以工行的实力还不足以动摇其基础，但对中诚信托则难说了。如果出现多米诺骨牌效应，则会出现对信托业系统的不良影响。截至 2016 年，全国政府债务达 27.33 万亿元。如果在抵押、合同签订和投向等环节操作不当，可能引发金融风险不说，还可能引发财政与金融的交叉风险。

未来中国金融安全到底怎么样？如何防范金融风险？这是一个非常重要的理论问题和现实问题。我们必须要站得更高，看得更远，才能更好地运筹帷幄。十九大报告提出了要辨清新时代的基本特征和主要矛盾。新时代背景下金融安全的最主要特征就是：金融是现代经济的命脉，金融安全事关社会的稳定；与金融安全有关的债务风险、房地产风险和互联网金融风险，构成新时代金融安全的三大风险，必须引起高度重视！

基于此，本专著将重点探讨房地产风险、债务风险和互联网金融风险等金融安全问题，并提出维护金融安全的对策建议。

1.2　研究思路与方法

（1）研究思路

本专著首先对金融安全的基本含义及影响因素进行阐述，深入剖析影响金融安全的内外部因素及其传导机制。在探讨金融安全理论的基础上，进一步研究我国金融发展与实体经济安全的关系，解析金融安全对实体经济的促进作用及两者之间的背离趋势，并对金融发展、金融安全与金融危机之间的关系进行系统的分析。然后，针对影响中国金融安全的几个相关问题，诸如中国房地产业风险、商业银行风险及互联网金融安全等进行探索，并对金融安全问题进行定性分析以及定量评估。

从 2009 年至今，我国房地产市场一片火爆，房产价格一路飙升，无论是北京、上海、广州、深圳等一线城市，还是二线、三线城市，房地产已成为无处不在的热议话题，房价的过快上涨，不仅仅牵动着广大民众的心，更对我国金融安全造成严重的影响。20 世纪 80 年代末日本泡沫经济、90 年代末亚洲金融危机和 2008 年全球金融危机的惨痛经历更让我们不得不正视我国房地产市场的现实情形，房地产业的稳定发展对我国银行业乃至我国整体的金融安全起着至关重要的作用。本专著针对中国房价过快上涨的金融安全问题进行实证研究，在此基础上给出维护我国金融安全的政策性建议。

另一方面，金融机构对我国的金融安全与社会稳定有着重要的影响，商业银行是我国金融机构的重中之重，而商业银行的公司治理和风险管理是维护金融安全的关键。当下日益壮大的互联网金融带来了新的金融安全问题。根据新资本协议以及我国银监会的相关政策，商业银行面临的风险主要分为四大类，信用风险、市场风险、操作风险和流动性风险。同时，从商业银行实践者的角度，对互联网金融安全问题进行深入讨论。

（2）研究方法

本专著主要采取了如下研究方法：

一是定性分析与定量分析相结合。在文献调研和实际调研的基础上，本书通过采用定性分析和定量分析相结合的分析方法分别研究我国房价问题、商业银行公司治理与风险问题、商业银行财务绩效问题和互联网金融安全问题。这两种分析方法相结合可以使本书的研究更加科学与合理。

二是比较分析和综合研究相结合。在充分分析现有问题的基础上，敢于进行创新，努力探究这些与中国金融安全息息相关、影响中国经济的实际问题。

三是规范分析与实证分析相结合。根据相关的经济学和管理学理论并结合前人的研究成果进行了规范分析，设计适合的实证模型，进行实证分析。通过两种研究方法相结合，使得课题的研究更为深入和全面。

1.3 研究内容和主要创新点

1.3.1 研究内容

本专著从分析金融安全的理论基础和影响因素入手，在进一步分析金融发展与实体经济安全的基础上，深入认识金融安全问题研究的重要性，以金融安全的相关问题为主线，研究我国房地产业的现状及房产价格过快上涨的因素，商业银行业的操作风险防范及财务绩效研究以及互联网金融安全等。具体包括以下几个方面。

第1章，导论部分主要是说明本专著的研究背景及意义，主要研究思路和研究方法，研究内容及主要创新。

第2章，主要是相关概念及文献综述，包括产业安全的含义及特征，金融安全的含义及特征，国内外产业安全研究进展，关于产业安全评价指标体系构建，金融安全研究动态等，为后面的研究铺垫理论及方法基础。

第3章，主要在对一般产业安全进行阐述的基础上，分析金融业内生的脆弱性及金融业特点，重点构建金融安全影响因素分析框架，分析金融安全的内外部影响因素及传导机制。

第4章，主要研究金融发展与实体经济安全的关系。对虚拟经济与实体经济的关系进行了分析，并进一步探究金融发展与实体经济之间的关系，金融发展一方面能够服务于实体经济，有利于经济安全；另一方面，当金融发展脱离实体经济基础，则会对实体经济发展起到消极作用形成相背离的趋势，从而带来金融风险。并以由美国次贷危机引发的全球性金融危机为例阐述金融发展与实体经济的背离对金融安全的负面影响。

第5章，主要研究了银行风险效应在中国的存在及其动态性，并对异质性问题进行了综合验证，发现面对货币政策冲击，资本充足率高、收入多元化的银行更重视信贷质量，但却表现出更高的风险偏好。从董事会特征来看，规模大、独立性强的董事会更偏好于风险行为，在"风险效应"中表现得更为激进。因此，对于金融安全风险（包括银行风险）应该实施差别化管理。

第6章，主要分析中国房地产风险问题，主要利用我国最近10年省级面板数据，通过测算房价对其正常价格的偏离度量房价过快上涨程度，阐述房地产泡沫的危害性及其原因。

第7章，主要研究互联网金融安全问题，从多视角角度系统地对互联网金融的安全、对互联网时代传统商业银行的金融安全问题进行了深入探讨，给出了解决问题的建议方案。

第8章，主要从互联网金融监管演化博弈模型、互联网金融机构和监管机构行为博弈模型及互联网金融机构和监管机构演化博弈等多视角进行深入分析，并且提出了相应的应对措施。

第9章，主要从微观视角研究了中国金融安全与公司治理。本章选用了从2009—2013年以来国内16家上市银行的财务指标数据进行实证研究。运用因子分析法计算出每年各银行的财务绩效综合分值，然后分析各阶段各银行的股本规模大小，并与财务绩效分值进行比较，得出了一些重要结论。

第10章，主要研究金融风险监管。操作风险是市场风险和信用风险后的又一大类风险。本章利用蒙特卡洛模拟，以损失分布和极值理论模型为基础，对操作风险损失数据进行建模并计算出操作风险的在险价值。

第11章，在上述研究的基础上，提出了维护我国金融安全的若干政策建议。

1.3.2 主要创新点

本专著试图对我国金融安全问题进行系统的研究，找出金融安全的影响因素，揭示其内在规律，并提出相应的政策建议。主要创新点如下。

一是揭示了金融发展与实体经济的内在关系，从理论上说明金融发展一方面能够服务于实体经济，促进经济安全；另一方面，当金融发展脱离实体经济基础时，会对实体经济发展起到消极作用，形成相背离趋势，带来金融风险。

二是通过测算实际房价对其正常价格的偏离度量房价的过快上涨程度，并基于中国的典型事实，对开发商、购房者、地方政府在房价过快上涨中的作用进行了检验，并从区域层面对房价过快上涨进行度量与解释，克服了以往研究中的区域异质性问题。

三是研究了信贷质量与金融风险的内在逻辑，发现面对货币政策冲击，资本充足率高、收入多元化的银行更重视信贷质量，但却表现出更高的风险偏好。

四是构建博弈模型，深入分析了互联网金融机构和金融监管机构的行为博弈和演化趋势，得到了一些有价值的结论。

五是从微观视角研究了中国金融安全与公司治理，构建国内上市银行的财务绩效指标，运用因子分析法计算出每年各银行的财务绩效综合分值，然后分析各阶段各银行的股本规模大小，并与财务绩效分值进行比较，得出了一些重要结论。

六是建立商业银行操作风险的体系，并着重针对操作风险的高级计量展开研究，在介绍损失分布和极值理论模型的基础之上，进一步分析说明收集的操作风险损失数据情况，并利用 QQ 图证明所获取数据的厚尾性，从而明确了在应用损失分布法时加入极值理论的方法，并选取相应的阈值，将数据进行筛选并进行蒙特卡洛模拟，利用模拟扩展得到的数据以及相关模型计算出操作风险的风险价值。

2 相关概念及文献综述

2.1 国内外产业安全研究进展

（1）国外产业安全研究

国外学者对产业安全和经济安全的研究起步时间较早，重商主义提出了贸易保护理论，后来李斯特和汉密尔顿提出幼稚产业保护理论。而现代经济学对产业安全和经济安全的研究是在 20 世纪 60 年代后期，美国学者提出要关注"经济安全问题"。到了 20 世纪 70 年代，日本学者开始关注"日本的生存空间和经济安全问题"。到了 20 世纪 80 年代后期尤其是 90 年代，国家经济安全问题引起了越来越多的政府高层官员以及战略专家的关注。美国前总统克林顿在 1993 年便表示要"把经济安全作为对外政策的主要目标"，并在政策上将"经济安全"定为国家安全战略的三大目标之一（赵刚箴，1999）。美国前总统小布什 2006 年还特别强调加强美国经济安全的重要性。2013 年2 月 13 日，美国总统奥巴马发表《国情咨文》讲话，强调经济与安全议题的重要性。1990 年，日本学术界和企业界组成日本产业绩效委员会，该委员会对日本的制造业进行了系统研究，并于 1994 年出版了《日本制造——日本制造业变革的方针》一书。俄罗斯 1996 年也明确提出了"国家经济安全战略"和"国家安全基本构想"（梅德韦杰夫，1999）。除此之外，英国、法国、印度等也提出了本国的国家经济安全思路。之后国际货币基金组织和世界银行、联合国非洲经济委员会、OECD、美国 Lawrence Livermore 国家实验室、斯坦福研究院、兰德公司、Sarkey's 能源中心、加拿大社会发展院、德国柏林

Thunen 研究所、俄罗斯社科院经济研究所、韩国产业研究院、法国及印度有关机构，都在有组织地研究国家经济安全问题。俄罗斯经济学家 B. K. 先恰戈夫（2003）专题研究了经济安全问题，他认为，经济发展与稳定对经济安全至关重要。经济的稳定性反映了经济系统的各要素之间和系统内部的纵向、横向及其他联系的稳固性和可靠性，反映了承受内部和外部压力的能力。仅有稳定是不够的，如果经济没有发展，那么经济的生存能力、抵御和适应未来威胁的能力就会大大降低。

关于跨国公司直接投资对产业安全影响的研究，主要以布雷（Burnell，1986）、联合国跨国公司中心（1992）和费雪（Fischer，2003）为代表，他们认为，发达国家试图将落后的和发展中的国家变为自己的附庸的时候，跨国公司也正忙于将这些国家的经济或者产业变成自己的产业附庸。美国《纽约时报》记者 MartinTolchin 和华盛顿大学教授 Susan Tolchin（1988）在《购买美国》一书中指出，外国投资在改变着美国，美国必须要采取措施，防止外国人控制美国经济的要害部门和插手美国的内政。John N. Ellison，Jeffrey W. Frumkin，Timothy W. Stanley（1998）对美国市场的并购进行了研究，并建议政府加强对国外企业并购美国企业的监管。如果一个企业因并购受外国资本控制，该企业又具有相当的市场支配力，这对美国产业安全将构成威胁。

在战略性产业安全研究方面，国际上已经有较深入系统的研究成果，并应用于实践，如美国的国家能源模型系统（National Energy ModelingSystem，NEMS）。国家能源模型系统用于宏观经济子模型，预测整个模型系统的国家宏观经济活动背景。在进行能源供需预测时，分成几个子领域进行，子领域再细分下去，最后对所有的子领域、子模块进行综合集成，得出完整的预测结果。美国著名学者波特（M. E. Porter，1990，1998）和戴维（David B. Audretsch，1998）认为，一个国家的经济、社会、政治等环境影响各个行业的国际竞争力。如果一国产业面临国外更高生产率的竞争对手时，其产业发展与安全将受到威胁。

（2）国内产业安全研究

我国对产业安全和经济安全问题的研究较晚，是进入 20 世纪 90 年代后才开始的。顾海兵教授（1997）对中国经济的安全度进行了估计，他认为，这一评价体系至少应该包括五种评价：中国经济的市场化程度评价、中国经济的稳定度评价、中国经济的景气度或警度评价、中国经济的开放度评价、中国经济的安全度评价五个方面。郑通汉（1999）研究了经济全球化中的国家经济安全问题。江小娟（1995）、赵英（1994）、金碚（1997）和杨公仆（1998）等人从产业经济学角度探讨了经济安全和产业竞争力等问题。而童志军（1997）和于新东（1999）主要考察了跨国公司介入对产业安全的影响及其应对策略。何维达（2000，2002，2003，2008，2012）构建了一套产业安全评价指标体系，并对若干重要产业如汽车、机械、电信、金融等进行了评价与估算。朱棣（2006）探讨了入世后开放对中国产业安全的影响，黄烨菁（2004）分析了中国信息技术产业的发展与产业安全。雷家骕（2000）、赵英（1999，2008）和李孟刚（2006，2010）等对产业安全的基本理论和方法进行了研究。此外，国家商务部等政府部门也开展了产业安全的研究，取得了一定的研究成果。

2.2 关于产业安全的含义与特征

（1）关于产业安全的含义

一般认为，产业安全是国家经济安全的重要组成部分。所谓国家经济安全是从经济生活的宏观面来研究的，是与国家安全处于同一个范畴内的概念。因此，国家经济安全是指国家的根本经济利益不受伤害。其具体内容主要包括：一国经济在整体上基础稳固、健康运行、稳健增长、持续发展；在国际经济生活中具有一定的自主性、自卫力和竞争力；不至于因为某些问题的演化而使整个经济受到过大的打击和损失过多的国民经济利益；能够避免或化解可能发生的局部性或全局性的经济危机（雷家骕，2000）。

产业安全与国家经济安全概念相比，产业安全以更加具体的产业为研究对象，因而更加具有针对性和指导性。产业，通俗地讲，就是指国民经济的各行各业。因而，产业意义上的安全研究是较为中观层次的。

至今，有多位学者从不同的角度对产业安全给出了明确的定义。杨公朴等（1999）认为："产业安全是指在国际经济交往与竞争中，本国资本对关系国计民生的国内重要经济部门的控制，本国各个层次的经济利益主体在经济活动中的经济利益分配的充分，以及政府产业政策在国民经济各行业中贯彻的彻底。"张碧琼（2003）认为："国家产业安全问题最主要是由于外商直接投资（FDI）产生的，指的是外商利用其资本、技术、管理、营销等方面的优势，通过合资、直接收购等方式控制国内企业，甚至控制某些重要产业，由此而对国家经济构成威胁。"于新东（2000）认为："所谓产业安全，可以做这样的界定：一国对某一产业的创始、调整和发展，如果拥有相应的自主权或称控制权的话，即可认定该产业在该国是安全的。"何维达（2001，2002，2003，2008）从市场开放的角度给出了产业安全的一般定义："在市场开放的条件下，一个国家影响国民经济全局的重要产业的生存发展以及政府对这些产业调制权或控制权受到威胁的状态"。赵世洪（1998）提出了国民产业安全的概念。认为国际产业竞争是指在各国国家经济政治主权完全独立自主的条件下，各国的国民产业主体之间为争取产业权益最大化进行的不触犯竞争所在国当地法律的一切商业性较量。同时这里的国际产业竞争主要是指在一国国内市场上的国际产业竞争，不包括国外市场上的竞争。国民作为国民产业安全中的权益主体，是指一个国家全体公民的集合，具备在国界内有明确的排他性经济主权，全体国民有共同一致的对外经济权益两个基本属性。产业权益则是指对产业产权及其现实和潜在经济收益的占有。产业权益危害主要是指在国际竞争的情况下，由于竞争而导致的国民对产业产权丢失乃至完全丧失及产业现实和潜在收益的减少或消失。因此，他认为国民产业安全是指一国的国民产业在国际产业竞争中为得到由对外开放带来的产业权益总量而让渡最小的产业权益份额，在让渡一定国民产业权益份额的条件下得到由对外开放引致最大的国民产业权益重量。简单地说，就是要在国际竞争中达成国民产业权益总量和其在国内份额的最佳组合。夏兴园、王瑛（2001）将国家产业安全界定为：一国产业对来自国内外不利因素具有足够的抵御和抗衡能力，能够保持各产业部门的均衡协调发展。具体表现在：国家经济命脉是否被外资控制，即外资进入关键产业的深度和广度是否保持在一个合理的范围之内；国内市场结构状况是否合理；产业结构是否安全。李连成、张玉波（2001）主张产业安全应从动、静态两个角度进行研究，认为产业安全的内涵一般是指一国拥有对涉及国家安全的产业和战略性产业的控制力及这些产业在国际比较意义上的发展力。控制力是对产业安全的静态描述，发展力是对产业安全的动态刻画，是产业安全的本质特征。景玉琴（2004）将产业安全分为宏观和中观两个层次。认为宏观层次的产业安全就是一国制度安排能够引致较合理的市场结构及市场行为，经济保持活力，在开放竞争中本国重要产业具有竞争力，多数产业能够生存并持续发展。中观产业层次意义上的产业安全定义为：本国国民所控制的企业达到生存规模，具有持续发展的能力及较大的产业影响力，在开放竞争中具有一定优势。

此外，从产业的动态变化看，产业安全包括产业生存安全和产业发展安全两个方面。产业生存安全是指产业的生存不受威胁的状态。首先，它意味着该产业有一定的市场或市场份额；该产业能达到一定的利润率水平。其次，产业要生存，还必须具备它自身的生存特征，即还必须实现它的货币资本循环、生产资本循环和商品资本循环的统一。因此，可以将产业生存安全具体定义为产业的市场或市场份额、利润水平以及产业资本循环中的任何一个循环都不受威胁的状态。产业发展安全是指产业的发展不受威胁的状态。

（2）关于产业安全的基本特征❶

产业安全的特征有许多，我们认为，产业安全的基本特征可以归纳为五个：战略性、综合性、紧迫性、系统性和动态性。战略性，产

---

❶ 主要引自何维达. 中国"入世"后的产业安全问题及对策，《经济学动态》，2001（11）：5—8.

业安全关系到国计民生和一国经济的长远发展，是国家经济安全的重要基础和前提条件，必须从战略高度重视产业安全问题的研究；综合性，产业安全涉及国民经济的各行各业，并且产业与产业之间相互关联。而且，影响产业安全的因素是复杂的、综合的，从而产业安全具有高度复杂性和综合性的特点，因此在维护产业安全的手段上也应该多种多样；紧迫性，产业安全涉及重要产业的生存与发展，受到外界威胁如果不采取相应政策措施，可能给国民经济带来巨大损失，因此，一旦出现产业安全问题，都非常紧迫，不得不采取紧急应对措施；系统性，产业安全是一个有丰富内涵的政策系统，它既涉及产业内部问题，又涉及产业的外部环境。从产业内部来说，它涉及制度结构以及相关的技术问题和管理问题。产业外部环境主要包括国际市场条件、国外企业组织制度、技术水平和竞争力，尤其是指国外企业进入中国市场的资本、技术、管理等状况；动态性，一国或一地区的产业安全不是静止的，而是动态。它包括两层含义：一是指产业本身而言，有些产业在一定时期内是安全的，不需要政府保护，而有些产业在一定时期内具有较大风险，需要政府适当保护。二是指产业安全的政府保护是动态的。这意味着绝大多数的产业安全保护不是永久的，因为政府保护的实质是为了促进产业升级，提高其在国际市场的竞争力。

2.3　关于产业不安全原因的研究

一些学者对产业不安全的原因进行了分析，他们一般认为产业安全的威胁来自开放条件下的外商直接投资和外国商品倾销（Lee Branstetter，2006）。

国内学者景玉琴（2005）认为，如果一个发展中国家引进外资的规模过大，资本流向过于集中，必然导致某些产业被外国投资者所控制，进而抑制民族产业的发展。在直接投资领域，外商通过产业控制影响产业安全的主要方式是：股权控制、技术控制、品牌控制以及通过并购进行控制，这种控制极大地挤压了民族产业的生存空间。在商品贸易领域，外商对产业安全的影响，主要表现在倾销危及新兴产业的创立、成熟产业的市场占有率和战略产业的培育。夏兴园和王瑛（2001）认为，国家产业安全是指一国产业对来自国内外不利因素具有足够的抵御和抗衡能力，能够保持各产业部门的均衡协调发展。中国从 20 世纪 70 年代末开始的改革开放，其实质就是在国内经济体制中引入竞争机制，积极地参与国际市场的竞争。改革开放不断深入的过程同时也是民族资本面对外国资本在工业领域日趋激烈的竞争的过程。对我国民族工业来说，主要是受外资的压制效应的影响，即外资凭借其技术、规模等垄断优势，通过兼并、收购和新建企业，挤压我国民族企业，挤占我国国内市场，使我国的产业发展缺乏动态比较优势而成长乏力。目前我国一些行业几乎被外资垄断，这种情况如果发展下去，不仅会造成资源闲置和社会福利的损失，而且可能导致民族工业逐渐被跨国公司控制。

另一影响产业安全的外部因素是国外对我国出口商品反倾销和外国商品对我国倾销。王金龙（2004）认为，随着国际贸易自由化进程的推进，世贸组织允许单边使用的控制进口措施已寥寥无几，而反倾销措施却越来越成为各国极力寻求使用的贸易保护武器。国外对我国出口产品的反倾销诉讼案件数量逐年上升，涉及金额也不断增加，这严重影响了出口产业的可持续发展，危及我国产业安全。曹秋菊（2009）认为，据估计，国外产品倾销每年至少给我国造成上百亿元的损失，几十万人失业或潜在失业；倾销不仅使我国已建立的产业受损，而且使一些新兴产业的建立和发展受挫。首例新闻纸反倾销调查的开启标志着我国产业在受到国外倾销产品的损害时，能通过申请采取反倾销措施来消除倾销所造成的产业损害，维护公平的贸易竞争秩序。但是目前反倾销法在实践中还有许多问题，首先是企业和行业协会缺乏反倾销的意识，而他们是反倾销调查的申请者，大部分企业还不知道用反倾销的法律手段来保护自己；其次，我国目前十分缺乏反倾销方面的人才，从事反倾销的各类人员太少，根本不能胜任日益繁忙的反倾销工作；最后，反倾销条例还存在许多问题需要改进，主要有实体法和程序法两方面的问题。张然（2002）把经济全球化条件下，发展中国家经济不安全的原因归结为三个层面：理论层面、国际层面和发展中国家自身。理论层面：发展中国家的经济发展理论大体经历了四个阶段：现代化理论、传统的依附理论、依附发展理论和新古典主义回潮理论。经济发展理论的不成熟性导致的经济发展失误，造成发展中国家无法摆脱贫穷落后的地位。发达国家推行的经济发展理论对发展中国家造成了冲击。发达国家按照新古典主义的理论，在发展中国家推行新自由主义模式。许多发展中国家按照新自由主义经济的思路，实行贸易、投资和金融的自由化，大力消弱政府的作用，结果导致了市场和政府的同时失灵。国际层面：首先，世界经济组织的发达国家主导性决定了发展中国家的经济不安全性。其次，经济全球化迅速发展，货币与金融制度的相对滞后也导致了发展中国家经济不安全。最后，国际经济政治化的冲击。发展中国家自身主要有三方面的原因：一是发展中国家的风险意识、安全意识差。二是发展中国家的经济实力弱，其抵御风险的能力差。三是发展中国家经济安全问题的根源在于经济体系普遍存在制度非均衡。

赵广林（2000）从投资自由化和贸易自由化角度分析产业安全问题产生的原因。投资方面，外商利用其资本、技术、管理等生产要素或营销环节方面的优势，通过合资、收购等方式控制东道国的企业，甚至控制某些重要产业，由此引发产业安全问题。贸易方面，其他国家对东道国产业安全的影响方式，主要是通过对东道国的商品和服务贸易来抢占东道国的国内市场，兼之以与贸易有关的投资活动，挤压东道国国内产业的市场份额。从东道国的国内体制和产业国际竞争力方面分析产业安全问题产生的原因：东道国国内体制与世贸组织的贸易体制之间存在差距。国内外贸体制和某些垄断产业的管理体制，以及政策的透明度和合乎世贸组织的规则性都需要加以调整，才能建立起一套较为成熟和安全的与世贸组织接轨的体制和法规、政策框架。东道国一些产业的国际竞争力差，国外大量廉价进口商品和服务对国内市场的巨大冲击将挤压国内产业的原有市场份额，国际竞争国内化，从而对各类面向国内市场的产业的安全问题提出了挑战。

有的学者从国家经济安全的角度分析产业安全产生的原因。肖文韬（2001）认为：产业安全作为国家经济安全的基本内容之一，究其产生的原因，是因为任何国家的经济都包含一定的产业并形成各个时期的产业结构。当一国融入经济全球化的进程时，其产业和产业结构也必定受全球化进程的影响而面临威胁。产业结构不良和低下必然导致产业处于不安全状态，从而导致国家经济处于不安全状态。从更深层次分析产业安全产生的原因，主要是发达国家和发展中国家在产业结构调整过程中充满了矛盾，这主要表现在：（1）从全球化的目标来看，发达国家与发展中国家的目标不同。发达国家希望通过经济结构调整实现国民经济结构升级，把一些技术相对落后的劳动密集型产业和污染比较严重的产业转移到发展中国家，并通过对高新技术的垄断和在全球建立的生产销售系统保持其在世界经济中的主导地位。而发展中国家则在全球性的产业调整中始终处于不利地位，资金匮乏、技术落后、技术创新能力低下使他们不得不接受发达国家的过时产业转移，不得不接受以破坏环境为代价的低附加值的产品生产，不得不以市场换技术。（2）跨国公司的进入。在发展中国家的开放过程中发达国家的跨国公司往往依仗其技术、资金、人才、市场营销等多方面的综合优势而在与发展中国家的竞争中占尽上风，使发展中国家的产业处于不安全状态。（3）外资流入的产业领域可能与东道国的产业政策相抵触。另外他还分析了发展中国家自身的原因，如发展中国家的市场经济体系不完善，政府管理能力和经验不足，经济体制与市场经济的相容性不高等原因，使得发展中国家客观上往往存在发展战略上的重大失误，从而也可能导致严重的产业安全问题。

何维达，宋胜洲（2003，2008）则把影响产业安全的原因归纳为：外因、内因和政策因素。外因是指由于全球经济一体化和市场开放条件下来自国外的资本、技术和产品等因素。具体地，这些因素又是通过资本输出和跨国公司战略来实现。其中包括资本输出及国际债务，跨国公司战略两部分。内因包括国内产业的生存环境和竞争环境两类。产业国内生存环境决定了产业在国内生存的可能性，其中又包括金融环境、生产要素环境和市场需求环境三个方面。竞争环境主要是指过度竞争问题。如果一个国家的企业失去了对合理竞争格局的控制力和影响力，过度竞争必然影响到产业结构的合理调整，进而影响到产业的安全。衡量过度竞争的指标主要有两个：市场集中度和行业规模。错误产业政策给产业安全带来的负面影响主要表现在：一是国内产业政策无法规范盲目的投资行为，可能造成严重生产过剩或需求不足；二是外商投资导向政策无法规范外资的行业进入行为，加剧国内一些产业的竞争压力；三是地方政策干扰导致监督外国直接投资合法经营的制度存在许多缺陷，导致对外资企业监管的失控；四是产业制度安排的不合理必然引起产业结构调整刚性，产业竞争力下降，产业利益大量流失，从而造成产业的不安全。

马健会（2002）总结了影响产业安全的八大原因：一是跨国公司发展战略与东道国产业发展的吻合度。跨国公司对东道国产业安全的严重影响主要表现在：一方面跨国公司向发展中东道国输出的工业结构与消费格局与东道国所渴望的发展格局不一致，这样就会导致东道国产业结构的畸形发展；另一方面跨国公司敌意性地抑制东道国的战略性产业如新兴幼稚性产业、自然资源性产业等。二是产业金融环境。金融环境为产业的生存提供资本支持，其状况可用产业获得的金融资本数量以及相应的成本来反映。三是产业生产要素环境。其状况可以用产业内劳动力素质及成本、相关知识资源状况、相关供给产业的竞争力来反映，其中劳动力素质指劳动力的综合素质，包括生产技能、文化专业知识、思想职业道德等。四是市场需求环境。市场需求环境为产业生存提供市场支持，其状况可以用市场需求量和市场需求增长率来反映。五是市场集中度。它是反映产业控制力的一个重要指标。六是产业进入壁垒。七是产业国际竞争力。八是产业控制力，产业控制包括内部控制和外部控制。从内部控制看，国家对本国产业的调控力包括：政府对该产业国内生产能力的控制；政府对某一产业中重要企业的控制和提供支持的能力；政府对基础产业的控制。从外部控制看，包括七个指标：外资市场控制率、外资品牌拥有率、外资股权控制率、外资技术控制率、外资经营决策控制率、某个重要企业受外资控制情况、受控制企业外资国别集中度。

2.4 关于产业安全保护与调节

（1）产业安全保护

德国的李斯特提出了针对幼稚产业的"有效保护"理论。其观点是：在国家经济基础不十分强大，产业安全不十分理想的情况下，不宜迫不及待地利用外资。幼稚产业保护论得到了学术界的普遍承认，成为一个较为定型的理论。英国经济学家穆勒也认为幼稚产业必须实行保护，对正在发展的国家应该"把完全适合外国情况的产业移植到本国而暂时征收保护性关税"，"当确有把握所扶植的产业过一段时间以后便可以自立时，才提供这种保护"（穆勒，中译本，1997）。这是产业保护的理论基础。但是，迄今为止，在民族工业的保护政策及保护程度方面仍缺乏成熟的理论。企业跨国化的发展及企业国籍归属的模糊化，也使得对民族工业的保护缺乏操作性。从发展的角度看，有关产业保护的政策应强调产业之间的动态体系和综合国力的增强，使产业保护政策服务于提高产业安全性的目标。从各国的发展情况看，产业保护并不等于产业安全，产业安全也并非是产业保护的必然结果。产业保护和产业安全是分析同一个问题的两个密不可分的核心范畴，它们分析问题的角度不同。产业保护是手段，产业安全是目的。

于新东（1999）分析了产业保护与经济保护、贸易保护的区别与联系，指出产业保护既不是宏观意义上的一般经济保护，也不是单边贸易保护主义主张意义下的贸易保护。产业保护可综合性地描述为：在对外经贸交往过程中以坚持向国际惯例靠拢为原则，以维护贸易自由化、公平竞争与公正交往、互惠互利为基础，以优化全球资源配置、促进多边贸易利益，提高国际贸易效率为动力，对本国各具体产业在其初生时、在其生成过程中、在其力量相当弱小时甚至在其已经强大但需抢占国际竞争制高点时，实施各种相应措施下的有效保护，从而使国民经济各产业部门达到积极、稳步、健康高效发展的目的，并避免消极影响、消极作用出现的一种积极、理性的外向型行为。何维达（2003，2008）分析了产业保护的效果，指出产业保护和市场效率之间存在一定的替代关系。政府的政策在安全和效率之间进行选择，以达到效用最大化。政府效用的提高，可能是由于政府政策制定、实施能力的提高，也可能是市场经济的完善而使经济运作效率提高，或者是政府保护效果增强。对于特定产业的保护来说，产业安全度与保护度之间存在着一种反抛物线的关系。存在一个最佳保护度，使得产业的安全度达到最高水平。并要处理好产业保护与开放、产业保护与市场自由化、保护收益与保护成本的关系，以期达到良好的保护效果。商务部杨益（2010）则主张要突破国外贸易保护重围，维护国家产业安全。

（2）产业安全调节

从国内外的研究文献看，产业安全调节与维护理论主要包括的内容有：产业政策的动态调整（其中包括产业开放政策、产业监管政策），产业国际竞争力的提升等。

2008年的国际金融危机给全世界上了一堂生动的产业安全课，使各国政府和人民认识到维护和提升产业安全的重要性。美国政府深受金融危机之害，奥巴马总统一次在演讲中批评说，现在的监管规则允许公司损害他们顾客的利益；通过复杂的金融交易，将他们的风险隐藏在债务里；允许金融机构一方面做投机的交易，另一方面又让纳税人担保他们，让他们又可以任意承担巨大风险，以至于整个金融体系都受到威胁。为了维护经济安全，防范金融危机，经过不懈努力，终于在2010年7月21日，美国总统奥巴马签署了金融监管改革法案，使之成为法律，这标志着历时近两年的美国金融监管改革立法完成（新华社，2010）。

国内有学者认为，产业安全调节的含义是当国民产业处于不安全的状态时要保护，而当国民产业处于过分安全状态时要放开。在关于一国对外开放形式选择的讨论中引进了从经济比较不发达的资本输入国角度考虑的N国理论。在关于外资和外贸政策手段的讨论中分别考察了对外资和外贸的具体调节方式。引进外资调节主要是从引资国的角度进行研究，通过税收、市场准入、股比限制、投资期限、国有化及征用等方式调节外资流入的数量和结构。进口调节主要是通过关税和非关税壁垒影响一国的进口数量，以达到调节产业安全状态的目的。并借鉴现代经济博弈论的原理，把产业安全与保护看成一个动态的多角色对策过程，对调节手段做进一步探讨（赵世洪，1998）。

还有学者认为，产业安全政策本身是产业的保护、支持政策与市场开放政策两方面有机组成的对立统一体。王学人、张立认为（2005），过多的保护与支持不但达不到目的，反而还会阻碍本国产业的发展。同样，市场开放时机或力度不当也会损害本国产业安全。而对此两者而言什么是适度的，什么是过度，决不是一成不变，而要决定于本国与外国实力对比和各自优势、劣势的演化，决定于国际环境和本国条件的改变。因此，对产业安全的调节，调节政策的选择是一个动态调整的过程。

还有学者认为，产业开放政策一般包括：产业开放的领域选择、产业开放的深度选择，产业开放的地域选择、产业开放的时期选择。产业开放政策是否与一国承受外来冲击的承受能力相适应，是否与一国产业发展的需要相适应，将决定一国产业开放所带来的风险大小的变动，即产业安全度高低的变动（曹秋菊，2009；卢欣，2010）。

对产业国际竞争力提升的讨论是对产业安全调节理论的进一步深化。有学者认为，对产业安全最好的调节是提高国民产业自身的竞争力。产业竞争力的大小取决于完全开放和放任状态下的国民产业状态和国民产业的最佳安全状态的差距。这个差距取决于国民产业与外国产业的表现因素的差距，表现因素的差距又取决于国民产业与外国产业的构成因素的差距。因此，要提高产业竞争力，就是要使国民产业在国内市场的权益总量和份额能自行接近最佳状态的要求。要达到这种境地，必须不断改进国民产业的各个表现因素，而要改善国民产业的各个表现因素，根本的要从改进产业竞争力的各个构成因素做起（宋维明，2001）。另外，景玉琴（2005，2013）认为，法制不完善与规制真空制约产业安全，我国目前采用的多部门、多机关的执法体制，导致执法部门缺乏权威，相互之间职能交叉、职责划分不清，执法过程中的相互内耗和推诿塞责，严重影响了执法的效果。从当前规范市场竞争秩序的实践看，已有法规制度的落实不仅与新法规制度的制定同样重要，而且在一定意义上比新法规制度的制定更加紧迫，更需要我们下功夫、花力气，更需要政府部门有所作为。所以，必须杜绝行政不作为与行政权力滥用。

此外，有学者认为，形成产业国际竞争力优势的关键在于通过竞争资产和过程的相互转换培育产业国际竞争力，首先要培育竞争资产与竞争过程相互转换的机制。从产业国际竞争力取决于产业内企业竞争力，企业竞争力取决于产品竞争力，而产业竞争力最终要集合为国家竞争力的性质出发，产业国际竞争力的培育机制可以分为微观、中观和宏观三个层次的竞争机制。以价值链为分析工具，分别从产品和企业、产业、国家层次分析产业竞争力的培育和提升（陈凤英，2004）。

商务部副部长高虎城 2009 年称我国产业处于国际分工全球产业链低端，必须保护和发展国内产业，维护产业安全，并指出，提升产业国际竞争力是维护产业安全的根本途径，面对越来越多的各种各样的贸易壁垒，我国产业必须从根本上提高档次和技术含量，发展具有自主知识产权和品牌的产品，才能提高整体竞争优势。中国社会科学院工业经济研究所副所长金碚（2006）认为，产业安全问题归根结底是产业竞争力问题，也就是说，对于一个国家竞争力强的产业，一般不会存在产业安全问题。换句话说，通常是一个国家的产业竞争力比较弱的时候才会出现产业安全问题，而且并不在于产业是高新技术还是自主产业，只要这个产业比较弱就会有安全问题。要维护中国的产业安全，归根结底是政府怎样提升中国的产业竞争力的问题。任何产业只要有国际竞争，一定会有安全的威胁。如果产业竞争过程中完全没有威胁，也就谈不上竞争。所以产业安全本质上总是以存在一定程度的安全风险为条件。改革开放的过程中，如果不参与国际竞争，就不会有安全问题，但如果与外资竞争，不管用什么方式竞争，都要承受一定的产业安全风险。

整体而言，国内外对经济全球化背景下产业安全问题的研究取得了较大进展。在理论上，借助经济理论和数理模型等工具，对全球化背景下的经济发展与危机、产业安全的影响因素及成因、产业安全的概念与特征、产业安全与保护、产业安全评价理论与方法以及产业安全的调节与维护等进行了深入的探讨，并得出了一些颇具价值的结论；在实证和经验分析方面，许多研究根据大规模的调查数据，借助比较先进的计量经济模型和分析软件，分析了产业安全的关键因素、产业安全的状态和趋势等，为理解经济全球化背景下的产业安全问题提供了可靠的经验材料，提出了有益的政策思路。总之，产业安全已有的国内外研究成果对于我们进一步的研究具有重要的理论借鉴意义，对于实践有重要的指导意义。

但是，已有研究的深度和广度还不够，对经济全球化新趋势带来的产业安全问题和金融安全问题有待于深入研究，比如，对涉及未来战略的产业安全问题研究不足，对产业链安全研究较少，割裂了产业之间的联系，对产业安全防范体系研究不够等，这就阻碍了研究者提出适合我国国情的、更具价值的结论。因此，在经济全球化背景下加强中国产业安全的研究，有必要把这些新变化、新的因素综合考虑到产业安全的研究中来，以便更全面、更科学地评价中国产业安全的状态及趋势，制定出符合时代发展特点、适合中国发展路径的产业安全战略和政策，实现国民经济健康、快速和可持续发展。

2.5 关于产业安全评价指标体系构建

（1）关于产业安全评价体系研究

国外学者对产业安全评价理论的主要贡献在于提出了评价产业国际竞争力的有关指标，但是并未提出一套评价产业安全的指标体系，因而也不可能对产业安全进行整体评价和估算。俄罗斯的先恰戈夫（2003）在提出经济安全"阈值"标准时对产业有所涉及，但其中的经济安全指标太宽泛，不足以用作产业安全评价。

国内学者提出了产业安全评价模型和评价体系。其中，最具有代表性的有：一是制造业安全模型。国务院发展研究中心国际技术经济研究所与清华大学中国经济研究中心建立了"经济安全论坛"，其组编的《中国国家经济安全态势》一书中，提出了制造业安全模型。该书认为，一个完整的制造业安全整体评价模型应该包括两个部分。首先要对制造业行业和产品的现行状态进行描述，这主要反映制造业安全的基础状况，即制造业行业与产品的对外依赖程度和抵御"不安全"的能力。这方面指标包括：生产设备水平、研发水平、管理水平、制造业市场表现、制造业总体规模、关键制造业产品安全等。其次，制造业安全与否在许多情况下是由制造业之外的诱发因素导致的，诱发因素包括国际经济关系、国内科技水平、国内宏观经济条件三个部分。国际经济关系的主要指标包括：外贸依存度、就业的外贸依存度、公司利润外贸依存度等；国内经济条件指标有：一国 GDP 所占的全球份额、一国经济增长率、一国法制的完善程度与效率等；反映国内科技水平的指标主要有：专利登记数目、技术贸易收支、基础科学竞争力指标、教育发展指标等。

二是产业安全评价指标体系。何维达（2000）等在主持完成的国家社会科学基金项目《中国"入世"后产业安全与政府规制研究》中较早提出了产业安全评价指标体系，该体系由产业国际竞争力、产业对外依存和产业控制力等评价指标组成。在此基础上，对入世后中国三大产业安全问题作了一个初步估算，但对未来中国产业安全评价与估算的定量研究却未展开深入探讨。之后，他们根据影响产业安全的因素，将产业安全的评价指标划分为四大类及各小类：①产业环境评价指标，包括资本效率、资本成本、劳动力素质、劳动力成本、相关知识资源状况、供给产业的竞争力、境内需求量及境内需求增长率；②产业国际竞争力评价指标，包括产业世界市场份额、产业国内市场份额、产业国际竞争力指数、产业 R&D 费用、价格比、产业集中度；③产业对外依存评价指标，包括产业进口对外依存度、产业出口对外依存度、产业资本对外依存度、产业技术对外依存度；④产业控制力评价指标，包括外资市场控制率、外资品牌拥有率、外资股权控制率、外资技术控制率、外资经营决策权控制率、某个重要企业受外资控制情况、受控制企业外资国别集中度。为了评价和估算产业安全度，将产业指标安全状态分为四种，即安全、基本安全、不安全、危机，相应的安全等级为 A、B、C、D，并分别给四种状态规定不同的分数范围［0，20］，［20，50］，［50，80］，［80，100］，分数越大，危险越大。

除了以上两个典型评价指标体系外，其他学者也针对产业安全评价建立了相应的评价体系。例如，许芳（2008）等从生态学角度开展产业安全研究，从活力、组织结构、恢复力和综合指标四个方面重构产业安全的生态学评价指标体系。

（2）关于产业安全的实证研究

从目前国内的研究看，大多以实证研究为主，有些是以中国加入WTO所面对的具体贸易条件为分析基础，更多的是以某产业为比较对象和分析落脚点。

有的学者（何维达、宋胜洲，2003，2008，2014）对我国几个重要产业安全进行了评价，如对中国汽车产业安全从产业国内环境、产业国际竞争力、产业对外依存度和产业外资控制率方面进行了估算，得出了中国汽车产业处在基本安全的下档，我国的汽车产业技术依赖较大，外资控制比较高，很可能陷入不安全境地的结论。同时，他们分析了江西省的各产业安全度，开创了国内研究单个产业或者地区产业安全的先河。

李林杰等在对粮食安全的内涵与制约因素进行分析的基础上，设立了以粮食预警指标体系、预警指标权重体系、警限和警区以及粮食安全综合指数为主要内容的粮食安全即期预警系统，通过这一预警系统可以及时、有效地进行粮食安全警情分析和预报，并提出了粮食产能安全、市场安全、消费安全等有效机制（李林杰、黄贺林，2005；王定祥、李伶俐、李茂，2005）。

傅夏仙（2004）在其著作《WTO与中国经济——对入世后我国相关产业的分析》中阐述了中国加入WTO在经济方面的影响，并且选取了在国民经济中权重较高同时又与百姓生活密切相关的农业、银行业、纺织业、电信业、汽车业、保险业和零售业作为分析的重点，与大多数国内学者的分析角度相同，他分析的重点放在了这些产业的现状，包括优势与面对的问题、加入WTO以后这些产业面临的机遇与挑战及相应的政策选择上，同时，对于国际贸易中日益频繁出现的反倾销以及技术贸易壁垒问题也作了分析和阐述。此外，余治利（2000）从"产业空洞化"角度对产业安全的实质进行了深入发掘。黄建军（2001）提出了产业安全的基本特征和产业安全的形成机理，他认为引发产业安全的原因主要有五个方面，即跨国公司战略的实施、产业国内生存环境的恶化、市场集中度的下降、行业规模不经济、错误的国内产业政策和制度安排等。此外，王毅（2009）通过建立产业安全评价与预警体系，对中国一些重要产业安全进行了评估和预警。

2.6 关于金融安全研究

（1）关于金融安全的含义

金融安全（financial security）指货币资金融通的安全和整个金融体系的稳定。金融安全是和金融风险、金融危机紧密联系在一起的，既可用风险和危机状况来解释和衡量安全程度，同样也可以用安全来解释和衡量风险与危机状况。安全程度越高，风险就越小；反之，风险越大，安全程度就越低；危机是风险大规模积聚爆发的结果，危机就是严重不安全，是金融安全的一种极端。

较早探讨金融安全的我国学者对金融安全问题的研究已经取得了不少成果，为我国金融发展沿着安全的道路前进提供了非常有价值的指导。王元龙认为（王元龙，2003），在金融全球化的背景下，从整个金融体系与金融运行的角度对金融安全所下的定义为：所谓金融安全，简而言之就是货币资金融通的安全，凡是与货币流通以及信用直接相关的经济活动都属于金融安全的范畴。一国国际收支和资本流动的各个方面，无论是对外贸易，还是利用外商直接投资、借用外债等也都属于金融安全的范畴，其状况如何直接影响着经济安全。刘锡良（2006）从金融功能的正常履行的角度来认知金融安全。刘锡良指出，对于金融安全的思考必须要选准思考的角度，认为对金融安全从不同方面进行思考，这些方面的集合构成特定角度下问题的整体，而它们之间的交集为空，并由此认为从金融的本质入手是一个可以选择的角度，"从不同的层次来认识、思考金融的经济功能，是否能在不同视角的环境中正常进行。换言之，金融安全是以金融功能的正常实现为特征的。"在此基础上，将金融安全分为了微观、中观和宏观三个层次，并分别就该层次的金融功能运转情况对金融安全的概念进行审视。梁勇（1997）认为，国家金融安全是指一国能够抵御内外冲击保持金融制度和金融体系正常运行与发展，即使受到冲击也能保持本国金融及经济不受重大损害。刘沛、卢文刚（2001）给金融安全所下的定义是，一国经济独立发展道路上，金融运行的动态稳定状况。雷家骕（2000，2011）认为金融安全是构成国家经济安全的一个重要组成部分。根据雷家骕对金融安全的界定，它是指金融领域能够借助各种手段抵御和消除来自内部和外部的各种威胁和侵害，确保一国正常的金融功能和金融秩序。周道许（2001）对金融安全所下的定义是货币资金融通的安全，凡是与货币流通以及信用直接相关的经济活动都属于金融安全的范畴。金融安全的基本要求是，维护金融体系的安全与稳定、保护投资者和存款人的利益、保持货币稳定、防止通货膨胀、促进经济的稳定增长。

在借鉴前人研究的基础上，结合我们对金融安全的理解，站在金融开放的角度，我们对金融安全这样界定：金融开放下的金融安全是指在一国实施金融开放的动态过程中，整个金融业能够不断增进预防和抵御来自内部和外部两方面的各种冲击的能力，以维持该国金融和经济的持续、快速、协调、健康发展。在金融安全的状况下，一国金融发展应该展现出的是运行稳定、持续向上的态势；该国对于逐渐增多的金融风险的识别和防范能力不断得到提高；金融主权独立，对关键性的金融资源具有相当的支配和控制能力。金融安全的核心内容是抵御国内外因素对金融体系带来的不利影响。

（2）关于金融危机与金融监管的理论综述

诺贝尔经济学奖得主保罗·克鲁格曼（Krugman，1979）探讨了国际收支危机，Chang 和 Velasco（1998）分析了亚洲金融危机的影响因素和影响路径，Anderton（2011）考察了 2008 年全球金融危机发生的原因，Coulibaly，et. al.（2013）则研究了新兴市场国家的金融危机与美国次贷危机的关联性。我国学者大多数是从 1997 年亚洲金融危机之后才开始对金融危机进行研究，王元龙（1998，2004）、张幼文（1999）、张纪康（2001）、雷家骕（2000，2011）和刘锡良（2004）等分别研究了金融危机的影响因素，李向阳（2009）研究了国际金融危机与世界经济的发展前景，潘敏（2010）分析了金融危机的传染途径和渠道，王国刚（2013）从资产证券化角度探究了资产证券化的机理缺陷，认为这是导致美国次贷危机的主要原因。

目前，国内外关于金融监管的理论主要包括：一是金融内在风险的监管需求理论，克鲁格曼（1979）提出了一种支付平衡表模型研究银行金融危机，用于解决信贷过程中银行风险的控制。二是金融监管的效应理论，代表人物有佩兹曼和施蒂格勒（Stigler）。三是金融约束理论。20 世纪 90 年代以来，受东亚发展经验启发，Hermann，Murdock 和 Stieglitz（1997）提出了金融约束理论。他们认为，金融约束是政府通过一系列金融政策在民间金融部门和生产部门创造租金机会。在 2008 年全球金融危机爆发后，国内外学者和政府机构都强调加强金融监管的重要性。例如，Laeven L.，Levin R.（2009）提出要加强银行的治理与规制，我国学者曹凤岐（2012）探讨了金融市场全球化下的中国金融监管问题。

（3）关于互联网金融安全及其监管

国外学者 Bernkopf（1996）较早研究了电子货币支付和货币政策问题，认为电子支付货币存在信用风险和操作风险。Koskosas 等（2008）探讨了全球化背景下网络银行及其风险问题，提出了信息不对称风险和操作风险问题，Allen（2012）则研究了电子金融及其引发的道德风险，Jung Hyun Lee a，Won Gue Limb，Jong In Lima（2013）以韩国为例，研究了电子银行的安全问题。国内学者主要集中在互联网金融安全的含义与特征，以及互联网金融风险及监管，例如，张龙涛（2006）对我国网络银行业务风险进行了初步探讨，熊建宇（2010）分析互联网金融的特点及安全体系构建，曾辉（2014）研究了互联网金融衍生出来的金融业务及风险等。

关于互联网金融风险的类型，吴晓求等人（2015）认为主要有以下四种：（1）信息不对称风险。在互联网金融下，由于交易双方不直接见面，致使交易者之间在身份确认、信用评价方面的信息不对称程度提高，导致信息风险加剧。（2）道德风险。互联网金融的理念之一，就是实现全民共享的"普惠金融"，但是，道德风险不可小觑，例如，在 P2P 网络借贷中，容易出现"庞氏骗局"，即借助互联网玩借新债还旧债把戏，一旦资金链出现流动性问题，就卷款出逃，给投资者带来严重损失。（3）操作风险。由于互联网金融属于新兴产业，从业人员缺乏专业的培训和规范的操作指南，因此对于借款方的信用审核等方面缺少经验而造成风险。（4）流动性风险。流动性风险不仅是基于第三方支付的现金管理或财富所面临的问题，P2P 网络信贷、电商小贷也会出现类似问题。其他学者如俞林、康灿华和王龙（2015）认为，互联网金融风险主要包括违约风险、欺诈风险、政策风险和操作风险。这些研究有一定的参考价值，但是并没有揭示出互联网金融风险的根本原因。

Anonymous（1999）较早提出互联网金融是一把"双刃剑"，在促进商业银行模式革新的同时，也为传统金融体系带来了风险，因此要进行有效监管。国外的互联网金融行业发展较早，不同的国家在监管模式、监管强度、监管手段和监管主体等方面有不同的侧重点。在监管模式上，国外互联网金融纳入现有的法律框架中，例如英国格外强调行业自律；在监管强度方面，国外针对本国互联网金融发展的不同情况，采取的监管强度也不同，澳大利亚、英国等国家对互联网金融的监管采取轻度监管方式，对于互联网金融的硬性监管要求也比较少，投入的监管资源比较有限，而美国对互联网金融的监管比较严格，除了联邦证券、交易管理委员会等传统金融监管机构外，还有2008 年金融危机后出现的美国消费金融保护局，尤其是在金融创新方面，美国的监管更为严格。在监管手段方面，国外采取的监管手段主要是以消费者权益保护为中心，进行注册制和强制性信息披露，例如，德国的第三方支付系统必须通过德国联邦信息技术安全局或其认可的评估机构的审核，才可以得以推广；在监管主体方面，国外的做法是不建立统一的监管机构，涉及具体业务就由对应的监管机构负责，例如，美国的 Paypa、lSFNB 就分别由证券和银行来进行监管。

我国学者认为，传统金融和互联网金融二者进行合作是目前的最佳选择，有效监管和健全信用机制是互联网平台稳步盈利的有力保障（尤瑞章和张晓霞，2010；王筱钰，2014）。针对现有的 P2P 运行模式，可以从贷款者信用风险分析、投资者构成分析以及多方信息综合分析等多角度构建定量模型（王宝玉等，2013），并从加强行业监管、动态比例监管、原则性监管与规则性监管相结合等方面提出互联网金融监管原则和措施（张晓朴，2014；洪娟等，2014；廖愉平，2015）。在 P2P 网络借贷风险的博弈分析方面，国内的研究重点在于通过博弈论研究 P2P 市场参与者之间的影响因素，将保险与 P2P 网络信贷相结合等，为相关法律的制定提供一定的理论依据和措施建议（帅青红，2014；游翔兰，2014；俞林等，2015）。谢平等（2012，2014）探讨了互联网金融模式的支付方式、信息处理和资源配置及监管的核心原则；吴晓求（2014，2015）深入探讨了中国金融改革及互联网金融理论创新等问题。

（4）国内外研究述评

综上所述，国内外对国家产业安全、金融安全（包括互联网金融安全）已有许多研究成果，取得了较大的成绩。但是，面对新形势下的金融安全，缺乏更深入和系统的研究。虽然国内外学者对互联网金融安全及监管等问题进行了一定的探讨，得到了不少有价值的结论，但是目前国内外的研究从技术角度，以及互联网金融与传统金融监管的比较分析探讨得较多，对互联网金融创新带来的风险与创新监管机制研究不够。

总之，上述关于产业安全和金融安全的研究成果，为我们对中国金融安全的研究奠定了必要的理论基础和方法基础。本专著将对当前面临的中国金融安全问题进行深层次的探索，希望能够有所裨益。

3 新时代背景下金融安全的影响因素分析

在新时代背景下，金融安全显得更加重要，而影响金融安全的因素也是非常复杂的，要注意区分一般产业安全与金融安全之间的异同，更应该注意区分和分析影响金融安全的诸多复杂因素。

3.1 新时代背景下金融安全影响因素分析框架

根据产业安全理论，评估一个产业是否安全可以从四个方面来进行分析，即竞争力、控制力、成长性和产业发展环境（见图 3－1）。本研究以这四个方面为基础，结合新时代的重要特征，分析影响金融业安全状况的因素。

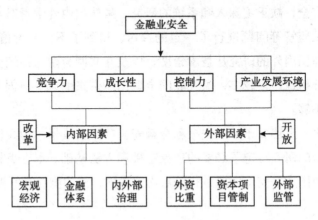

图 3－1　金融安全的影响因素

总体来看，上述这四个影响因素（竞争力、控制力、成长性和产业发展环境）的风险源可以概括为内部因素和外部因素。

内部风险源来自宏观经济、金融体系和公司法人治理等方面：金融业的资金来源和对象都来自宏观经济；与金融系统中的其他金融机构是竞争或互补的关系；公司的治理结构，一是金融业管理体制，二是公司内部治理结构，公司法人治理直接决定了金融业的效率和竞争力。

外部风险源来自外资金融机构比重、资本项目管制和外部监管等方面。其中外资金融机构的比重直接关系到产业控制力，资本的管制直接关系到国内资本与国外的风险隔离。另外，对外资金融机构的监管、对国内产业的保护等，直接影响到国内金融业的发展环境。

需要指出的是：金融业内部风险源变化的动力是改革，外部风险源变化的动力是开放。

3.2 外部因素及传导机制

（1）国际资本流入

在对外开放背景下，外资金融机构与内资金融机构之间既是竞争关系，又是合作关系。另外，对外开放也为内资金融机构走出国门提供了机会。

① 外资金融机构进入的影响

外资金融机构的迅速发展会给东道国金融业带来了先进的业务创新思路、经营管理经验和风险控制方法，但不可避免地给东道国金融机构带来了残酷的竞争压力，并给整个国内金融系统带来了更大的波动风险。

外资金融机构进入的有利影响主要体现在以下几个方面。

第一，技术外溢效应。率先进入东道国的外资金融机构基本上是国际知名金融机构，拥有良好的公司治理结构、经营管理经验和国际信誉，并在技术手段创新和衍生金融产品研发等方面处于领先地位。在外资金融机构的合作与支持下，东道国金融业整体的金融创新水平会得到迅速提高。

第二，竞争求存效应。外资金融机构的进入有助于金融业的改革、创新与发展。在新的格局下，外资金融机构与东道国金融机构展开正面竞争，打破东道国金融机构尤其是银行因长期垄断而形成的高收入、高运营成本的低效状态。在外资金融机构的竞争压力下，东道国金融机构将产生危机意识，加速产品创新，改进技术服务，从而提高运营效率、降低成本。

第三，国际化效应。外资金融机构进入将有利于推动东道国金融机构的国际化进程。一方面，东道国金融机构能够吸取先进的技术和经验，开拓思路与视野，从而为其国际化进程中可能遇到的障碍做好准备；另一方面，外资金融机构将给东道国带来国际上先进的市场纪律和操作规则，促使监管理念和监管方式朝着市场化、宽松化和国际化的方向变革，从而使东道国金融机构更加适应发达国家的市场规则和监管方式，为其国际化发展战略铺平道路。

外资金融机构进入的不利影响主要体现在以下几方面。

第一，外资金融机构的先天优势成为东道国金融机构的竞争威胁。这些优势包括：体制优势（不受政府干预）、规模优势（资金实力雄厚）、经营优势（自主创新）、管理优势（良好治理结构）和人才优势（规模、高素质）等。

第二，特许权价值下降导致东道国金融机构抵御风险能力降低。市场准入限制减少甚至取消后，特别是伴随着外资金融机构的大量进入，国内各金融部门的特许权将骤然下降。在这种情况下，金融机构的风险抵御能力将大大降低，导致整个金融体系的不稳定性迅速上升。同时，国内金融机构为了竞争求存，可能会更多地从事不谨慎的金融活动，从而进一步加大金融体系的脆弱性。

②引进战略投资者的影响

引进外国战略投资者的有利影响主要体现在为东道国金融机构引进国际先进技术、产品和管理经验，对于提高管理水平、改善资本质量等方面更加有利，也更加直接。以韩国为例，其在亚洲金融危机后实施了积极的银行业外资战略，让外资大量入股本国银行，使本国银行的资本充足率和资产回报率等主要指标得到了明显好转。因此，2000—2002年出现的"消费信用泡沫"对韩国银行体系和金融市场的负面影响甚微，也证明韩国的金融体系在开放后其抗风险和防震能力有所加强。

引进战略投资者相对于外资金融机构直接进入的竞争压力较小，因此不会对国内金融业的成长造成较大的冲击，有助于实现东道国金融机构提高效率过程的平稳过渡。但效率的提升需要一定的学习期，而且战略投资者的投资意图也并非为了帮助东道国提高效率，外资金融机构可能有所保留，因此预计引进战略投资者对提升东道国金融机构成长性的初期效应不会十分明显。

然而，战略投资者的逐利性和控制欲等特征会对东道国金融业存在一定的威胁。战略投资者进入的根本目的在于其全球扩张战略和掌握控制权。因此，在外资并购的活动中，监管部门必须抓紧制定相关政策，明确外资战略投资者的控股比例和准入条件，在 WTO 框架下加强对国内金融业的保护。

另外，战略投资者灵活经营的特点使其存在一定的不稳定性，容易产生资金撤离的风险，从而对东道国金融业的稳健经营产生不利影响，并对东道国的有效金融监管提出挑战。在外资股权并购中，并购方经营的稳定性将直接影响东道国金融的稳定性。如果作为投资方的金融机构发生重大经营变故及其他风险，或者经济金融形势风险加大时，外资金融机构可能纷纷退出东道国的金融体系。当跨国金融巨头自身调拨资金的能力和国际影响力很大时，大量撤出资金可能导致金融风暴风险扩大甚至产生危机。因此，在引进外资的过程中，如果大量具有强烈投机色彩的短期资本和各类投资基金借机进入我国金融体系，将很容易增加我国银行业的不稳定性，增大金融风险，对此应该引起足够重视。

（2）资本项目管制

放松管制和金融自由化要求的是利率自由化、国内金融市场的开放和金融机构业务的开放。放松管制使金融机构能够进入新的和不熟悉的领域，增加了信贷和各类市场风险的暴露程度。放松管制的结果往往使管制松懈或管制不当，当许多监管机构已演变成了虚弱的、不忠实于委托人的代理机构，并且由于监管者与被监管者关系过于密切，会出现"监管的宽容"。金融业治理的失败因监管失灵而加剧，金融危机因此更容易发生。Demirguc – Kunt 和 Detragiache（1998）的世界银行报告指出，金融自由化和放松管制、银行业危机之间存在着正相关，如果国内机构没有做好充分的准备，那么放松管制和自由化可能导致更高的系统性风险。

金融自由化通常会降低资金交易的成本，提高储蓄者的回报，分散风险，增强市场约束，从长远看有利于提高金融资源配置的效率。但是如果银行资本金不足，从事冒险活动，监管又软弱无力，那么，金融自由化带来的可能性是金融危机。自由化会加剧金融业竞争，如果金融机构管理者、经营者缺乏足够的技能去有效控制信贷高风险和新兴业务风险，就极易导致不良贷款。而且，外国银行业的竞争往往迫使国内银行一味趋高利而融资于高风险的投资项目。金融自由化带来的不良影响在 20 世纪 90 年代的墨西哥、巴西、东南亚一些国家相继发生，其惨痛的教训就是：金融自由化必须有一个强有力的风险管理系统作保障和支持（黄玉德，2003）。

利率市场化和汇率市场化为金融自由化的重要方面。金融自由化的理论基础是来源于麦金农在 20 世纪 70 年代提出的金融压抑论和金融深化论，之后斯蒂格利茨等人在 20 世纪 90 年代提出的金融约束论则是对前者理论的深化和补充。

（3）金融监管体制

金融业具有先天的脆弱性和高风险特征，加强外部监管对行业安全稳健运行具有非常重要的作用。金融约束论认为，政府对金融部门选择性的干预有助于而不是阻碍了金融深化，在一定的前提下，通过对存贷款利率加以控制、对市场准入及竞争加以限制以及对资产替代加以限制等措施，可以为金融部门和生产部门创造租金，并提高金融体系运行的效率。

首先，监管不足容易引发金融危机。银行所有者、高层经营者、存款人和监管机构动力机制受到严重扭曲，是许多国家发生金融危机的重要原因。美国的次贷危机可以说是市场失灵的表现，但美国金融体系中存在的监管缺失或监管漏洞也是不容忽视的。美国银行业因信贷资产证券化等原因导致流动性过剩和信贷泛滥，促使了信贷市场的泡沫化，最终引发危机。监管部门应该提高信息透明度，规范金融创新行为。从根本上讲，金融创新只能将风险在不同的投资者之间进行分散和转移，而不能从根本上消灭风险，金融创新并没有降低整个金融市场的系统性风险。

其次，在对外资金融机构监管方面，由于其具有灵活性经营、受母国经济和母公司经营决策影响较大的特点，因此存在较强的信息不对称风险，以及较大的不稳定性。因此，对其进行审慎监管和跨国协同监管，促进外资金融机构的风险管理，并对其在华业务扩张实施渐进的、适度的法律约束，是非常必要的。

最后，会计、信息披露和法律框架也与金融安全密切相关。一般来看，发展中国家金融机构的会计、信息披露和立法制度大都存在较大缺陷，妨碍了市场约束机制的运转和有效监管的进行，并最终削弱金融机构的盈利能力。

3.3　内部因素及传导机制

（1）宏观经济

稳定的宏观经济是保障金融业安全的基础。金融业资金的来源和运用均离不开宏观经济运行，这一特殊经营模式决定了该行业对宏观经济具有很强的依赖性，以下是影响金融业安全的主要宏观经济因素。

① 经济衰退与通货膨胀

经济增长率和通货膨胀的急剧波动是金融业危机的主要原因。宏观经济不稳定，常导致不动产、股票等资产价格的剧烈波动，并对金融配置产生不利影响，从而决定了金融系统的脆弱性。

经济的高速增长和过度繁荣会为本国金融业安全埋下隐患。明斯基（Minsky, 1982）提出的"金融不稳定性假说"（The Financial Instability Hypothesis）基于资本主义繁荣与萧条长波理论，认为正是经济繁荣时期埋下了金融动荡的种子，在经济出现繁荣形势的诱导和追求更高利润的驱动下，银行放松了贷款条件，而借款企业受宽松信贷环境的鼓励，倾向于采取更高的负债比率，借款企业中的投机性借款企业的比重越来越大，而抵补性企业的比重越来越小。为了追求更高的利润，银行支持贷款企业从事那些规模更大、风险更高的项目。于是，生产企业和个人的债务相对其收入比例越来越高，股票和不动产的价格也随着急剧上涨。经历了一个长波周期的持续繁荣阶段后，经济形势开始走向反面。此时，任何打断信贷资金流入生产企业的事件都会引起连锁的违约和破产风潮。于是，银行等金融机构不可避免地受到冲击。宏观经济引致的风险为系统性风险，金融系统无法通过资产组合管理来有效消除这些风险。

以银行业为例，经济衰退和通货膨胀对银行业风险的传导机制如图 3 - 2 所示。

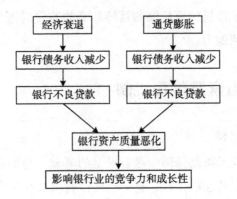

图 3 - 2　银行业风险传导机制

② 信用环境

一个国家的微观信用环境、金融体系本身的信用与金融安全有着密切联系。1991 年弗雷德里克·米什金（Frederic S. Mishkin）在《不对称信息和金融危机》一文中利用信息经济学理论对银行业的信息不对称所导致的逆向选择和道德风险问题进行了分析。信息不对称论者认为，银行信贷市场最突出的问题是金融交易双方对金融风险的信息掌握不对称，这会导致"逆向选择"和"道德风险"，恶化银行的资产负债状况。这种情况如果得不到遏制而循环往复，最终将会导致金融危机的发生。其传导机制如下。

信息不对称→"逆向选择"和"道德风险"→金融机构的资产负债状况恶化→利率不断上升→信贷收缩、货币供应减少、通货紧缩→道德风险和逆向选择更严重→投资和经济活动下降→引起投机和恐慌→最终导致金融危机。

美国次贷金融危机的直接原因在于美国金融机构的信用扩张过度。美国贷款公司对贷款人的信用有一套评估程序，借款人凭其信用等级（如"次级信用"）承受不同的贷款利率。而我国商业银行的住房按揭贷款基本上不分信用等级，信用欠佳的贷款人也能获得银行贷款。在此情况下，一旦国内房产价格出现逆转，住房按揭贷款出现大量违约，商业银行几乎难以采取补救措施。

从政府信用对银行安全的影响来看，以克鲁格曼（Krugman，1998）为代表的一批经济学家将亚洲金融危机归结为金融机构的道德风险。银行为防范破产风险，从政府机构或保险机构那里购买保险，称为显性保险，而存款者断定政府会防止银行破产，或是在破产情况下政府会介入并补偿储户的损失，被称为隐形保险。显性和隐形的保险会激励金融机构去承担超额风险。这实际是一个两难的问题：若不提供保险，就无法避免金融体系的崩溃；而存在保护，又会因金融机构铤而走险而引致风险。

③ 对外债务状况

关于外债问题的理论研究始于萨缪尔森（Samuelson，1954）提出的"公共收支的纯理论"。当政府现有税收资金无法承担提供公共产品和准公共产品的负担（即出现赤字）的时候，政府就需要通过债务形式来筹集资金，其中就包括通过外债筹资。储蓄缺口理论认为，利用外资能有效弥补发展中国家的储蓄缺口和外汇缺口，提高进口能力，促进经济增长。

但外债规模、结构等因素也会对一国经济和金融安全产生影响。托马斯·梅耶在《货币、银行与经济》一书中指出，如果政府发行债券过多过滥而央行被迫买入，将导致央行基础货币被动性地大量增加，最终导致通货膨胀并且影响经济稳定运行（托马斯，2004）。Roubini（2000）认为，由于明确的或者是隐性的政府担保，新兴市场国家的国内私人部门可能出现过度借贷行为（通过直接或者间接方式从外国债权人处获得），从而做出扭曲的甚至是错误的投资决策，最终出现债务危机或者金融危机。金洪飞（2003）采用 Probit 模型对 90 年代发生货币危机的发展中国家在危机阶段的资本逆流与短期外债之间的关系进行了经验分析，找到了在危机阶段资本逆流与短期外债比例显著相关的证据。

从国际经验来看，20 世纪 90 年代韩国等国金融危机的教训就是，国内企业通过金融机构大量举借外币债务，一旦汇率急剧下降，负债企业的外汇风险和损失就会直接转变为银行的信用风险和损失。在汇率波动度提高的情况下，如果再盲目开放资本项目，整个金融业将面临更大的风险。

以银行业为例，外债对本国金融业的传导机制为：

汇率、利率风险→债务危机→银行不良贷款→影响银行业的竞争力和成长性。

④ 货币因素

Friedman、Schwartz 和 Brunner、Meltzer 等人认为，货币存量增长及其变化是引起危机的主要原因，危机并不一定发生在商业周期的特定阶段，而是发生在当央行控制的货币供给不稳定、引起过度的货币收缩时，银行为了获得必要的储备而被迫出售资产，迅速出售降低了资产价格，提高了利率，同时也威胁到银行的偿付力，降低了公众的信心。因此，他们认为银行危机是经济政策出现问题和银行机构内生事件导致的，而不是独立的外部性冲击所致。何颖，徐长生（2000）认为，货币危机诱发并恶化银行危机的途径主要有以下几条：第一，货币危机中利率的升高以及资产流动性降低会引发国内的银行危机；第二，货币危机的直接产物货币贬值使得拥有大量外债尤其是短期外债的银行不堪重负而发生危机；第三，货币危机造成实体经济部门的混乱，即使经营正常的部门也可能破产倒闭，这进一步强化了银行危机；第四，货币危机后的恢复方案可能导致进一步的银行危机。

从美国次贷危机的教训来看，正是过剩的货币流动性使银行房贷标准放宽，且货币充裕维持的房地产高价格则掩盖了金融系统内潜在的信贷风险。当利率提高刺破这一泡沫时，违约率随之上升，银行资产质量急剧下降，从而危及整个金融系统的安全。

可见，货币因素会增大银行业发生危机的可能性，威胁银行业产业安全，进而导致整个金融业安全受到威胁。其传导途径如下：

流动性过剩→银行非谨慎放贷→利率上升→违约率上升、银行资产质量恶化→银行支付能力下降→金融安全受到威胁。

⑤ 国家宏观经济政策

一国的宏观经济政策主要包括财政政策和货币政策，它们的实施及有效性影响着该国货币存量、投资、消费等各个层面。在政策调控效果符合预期的情况下，扩张性的财政政策和货币政策会刺激社会总支出，引发金融机构信贷扩张的冲动，一旦经济出现逆转或银行风险管理能力差，就会恶化银行资产质量，影响银行业的安全；相反，紧缩的财政政策和货币政策会抑制社会总支出，过度紧缩会制约银行的盈利渠道和流动性，亦会影响银行的安全状况。因此，采取适度的宏观经济政策并加强政策协调，有利于金融业安全状况的改善。

国家宏观经济政策对本国金融业的传导机制：

经济政策调整→社会总支出和货币流动性变化→影响银行信贷行为和业务状况→影响银行资产质量和盈利情况→金融安全受到威胁。

（2）金融体系

现代金融体系的信誉和稳定性是建立在货币资产可以转化为商品劳务的信念基础之上的。金融机构顺利运作的条件在于：金融资产价格相对稳定，资金提供者不挤兑，金融机构对资产的使用是有效的。但是，由于信息的不对称、不完全性，决定金融资产价格的贴现率、资产未来收入流量等因素难以确定，金融资产的价格经常处于波动状态，加上金融机构间密切的债权债务网络、复杂的金融交易形式及迅捷的通信手段，使得金融资产价格的波动具有传染性，从而进一步扩大了波动的范围。金融资产价格的波动极易造成交易者的损失，挤兑行为和呆账坏账问题时常发生，金融机构表现出相当的脆弱性。这种脆弱性极易破坏信用关系，动摇货币信念。这种信念一旦动摇，整个金融体系就会发生混乱，金融危机也就随之爆发。

（3）内外部治理

① 外部治理

政府的过多干预会使政府的政治目标干扰金融机构的正常活动，损害其盈利能力和效率，从而增大危机爆发的可能性。一国银行业中国有股的份额较高，与金融部门的发展不足、较低的经济增长率以及银行危机更频繁爆发是相关的。

在美国金融危机爆发过程中，作为重要的外部治理者，美国政府也没有很好地发挥作用。金融危机前美国实施分权监管，对不同的金融业务设置不同的监管机构。但各自为政的金融监管体系没能覆盖整个金融系统，存在着监管盲区。例如，像 CDO、CDS 这样的金融衍生产品，到底该由美联储、联邦存款保险公司，还是该由证券交易委员会来监管始终没有明确，以至于没有谁去真正监管这类高杠杆、高风险的产品。

② 内部治理

公司治理结构（Corporate Governance）亦称法人治理结构，是指投资者与管理者之间的利益分配和控制关系，即通过股东大会、董事会、监事会的机构设置，清晰责权，达到三者之间约束和权力制衡。

金融机构治理具有一定的特殊性。以商业银行为例，由于其高负债的资金结构，决定了债权人提供的资金面临风险。存款人是资金的重要提供者，但在公司治理中处于弱势地位，为了实现治理中的利益平衡，需要银行业监督管理机构介入商业银行公司治理，实现保护存款的社会责任，这就要求商业银行的公司治理要对所有的利益相关者负责。

科学的公司治理结构能够极大地提升金融机构的经营效率，股份制改革能够提高金融机构的经营效率、改善激励机制和分配制度，从而提高其盈利能力、管理能力和抗风险能力，从内部和根本上提高金融机构的质量和竞争力。

4　金融发展、金融安全与实体经济安全

4.1　虚拟经济与实体经济的关系

4.1.1　什么是实体经济和虚拟经济?

现代经济系统是由实体经济和虚拟经济两大经济形态共同组成的一个有机统一体。

实体经济是指以实体资本为投资和营运对象的经济活动,包括物质的、精神的产品和服务的生产、流通等经济活动,具体包括农业、工业、交通通信业、商业服务业、建筑业等物质生产和服务部门,也包括教育、文化、知识、信息、艺术、体育等精神产品的生产和服务部门。实体经济始终是人类社会赖以生存和发展的基础。它是经济增长的物质基础。其功能可以归纳为以下三点:第一,它提供基本生活资料。古往今来,人们总要吃饭、穿衣、行动、居住、看病、休闲等,而保证这些活动得以继续进行的基础,就是实体经济提供的基本生活资料。这些生活资料是由各式各样的实体经济生产出来的。实体经济的生产活动一旦停止了,人们各式各样的消费活动也就得不到保障。第二,它提高人的生活水平。自古至今,人们不仅要生存,而且更要发展。而保证人们生活得更好的物质条件,需要依赖更高级的实体经济创造出来。如果实体经济的更高级的生产活动停止了,人们就从根本上失去了提高生活水平的基础。第三,它增强人的综合素质。自古至今,人们不仅要生活得更好,而且还要使自己的素质得到全面增强,即人们不仅要有高层次的物质生活,而且还要有高层次的精神

生活。保证人们高层次精神生活的物质前提同样是由各式各样的具有特殊性质的实体经济所提供的。如果实体经济的一些特殊活动形式停止了，人们也同样会从根本上失去增强综合素质的根基。

虚拟经济是指以有价证券、期货、期权形式存在的虚拟资本的投资和营运活动。虚拟经济是市场经济高度发达的产物，又是新兴事物，但其最终目的仍然是服务于实体经济。近年来，虚拟经济进入了快速发展时期，其规模已超过实体经济，成为了与实体经济相对独立的经济范畴。虚拟经济的重要特征表现为高度流动性、不稳定性、高风险性和高投机性四个方面。

4.1.2 实体经济和虚拟经济的关系

（1）实体经济是虚拟经济产生和发展的基础

虚拟经济是实体经济高度发展的产物，是应实体经济发展要求而产生的，没有实体经济的发展就没有虚拟经济。在现代虚拟经济条件下，虚拟经济的主要载体是股票、债券等金融产品，而这些金融产品的发展规模又是由企业经济状况、社会公众购买力和消费水平等实体经济发展的需要决定的。与此同时，实体经济运行状况和金融产品的发展水平又制约着虚拟资本的交易规模。金融衍生工具也决定于实体经济活动的规模和需要，一定的实体经济活动规模决定了虚拟经济规模不可能无限膨胀。实体经济的状况是虚拟经济健康运行的基础，实体经济状况良好，则虚拟经济的运行就有了坚实的物质基础，反之，虚拟经济的运行就会受到影响。因此，实体经济是虚拟经济产生和发展的基础。

（2）实体经济借助于虚拟经济

这种关系主要表现为：第一，虚拟经济影响实体经济的外部宏观经营环境。实体经济要生存、要发展，除了其内部经营环境外，还必须有良好的外部宏观经营环境。这个外部宏观经营环境中，就包括全社会的资金总量状况、资金筹措状况、资金循环状况等。这些方面的情况如何，将会在很大程度上影响到实体经济的生存和发展状况，而这一切都与虚拟经济存在着直接或间接的关系。因此，虚拟经济的发展状况如何，将会在很大程度上影响到实体经济的外部宏观经营环境。第二，虚拟经济为实体经济的发展增加后劲。实体经济要运行，尤其是要发展，首要的条件就是必须有足够的资金。那么，各类实体经济用于发展的资金从哪里来呢？不外乎两条途径：一条是向以银行为主体的各类金融机构贷款；另一条则是通过发行股票债券等各类有价证券筹措资金。从发展的趋势看，相比较而言，通过第二条途径解决实体经济发展过程中所需资金问题，会更加现实，也会更加方便、快捷，这样，虚拟经济就为实体经济的发展增加了后劲。第三，虚拟经济的发展状况制约着实体经济的发展程度。从历史上看，虚拟经济的发展过程经过了五个阶段，即闲置货币的资本化、生息资本的社会化、有价证券的市场化、金融市场的国际化、国际金融的集成化等。事实证明，虚拟经济发展的阶段不同，对实体经济发展的影响也就不同，即虚拟经济发展的高一级阶段对实体经济发展程度的影响，总比虚拟经济发展的低一级阶段对实体经济发展程度的影响要大一些。反之，则会小一些。

（3）虚拟经济依赖于实体经济

这种依赖关系主要表现为三点：第一，实体经济为虚拟经济的发展提供物质基础。虚拟经济不是神话，而是现实。因此，它不是吊在天上，而是立足于地下。这就从根本上决定了无论是它的产生，还是它的发展，都必须以实体经济为物质条件，否则，它就成了既不着天也不着地的空中楼阁。第二，实体经济对虚拟经济提出了新的要求。随着整体经济的进步，实体经济也必须向更高层次发展。否则它将"消失"得更快。实体经济在其发展过程中对虚拟经济的新要求，主要表现在有价证券的市场化程度和金融市场的国际化程度上。也正是因为实体经济在其发展过程中，对虚拟经济提出了一系列的新要求，所以才使得它能够产生，特别是使得它能够发展。否则，虚拟经济就将会成为无根之本。第三，实体经济是检验虚拟经济发展程度的标志。虚拟经济的出发点和落脚点都是实体经济，即发展虚拟经济的初衷是为了进一步发展实体经济，而最终的结果也是为实体经济服务。因此，实体经济的发展情况如何，本身就表明了虚拟经济的发展程度。这样，实体经济就自然而然地成为了检验虚拟经济发展程度的标志。

综合上述，虚拟经济与实体经济之间，存在着极其密切的相互依存、相互促进的关系。它们谁也离不开谁，至少在相当长的一段时期内会是这样的。

4.1.3　虚拟经济对实体经济的影响

虚拟经济对实体经济的影响主要体现在两个方面：一是积极作用，二是消极作用。

虚拟经济对实体经济的积极作用表现为：①促进社会资源优化配置。资本市场的价格发现功能是实现增量资本在实体经济各部门之间优化配置的基本工具。虚拟经济通过有效的信息揭示及相应的金融创新，可以处理因信息不对称所产生的激励问题；可以通过资产价格的信息功能来判断企业经营的好坏、投资业绩的优劣，使虚拟资本可以迅速从效益低的领域流向效益高的领域，促进优良企业的快速发展，不断对资源进行重新分配和重组，提高实体经济的运作效率。②为实体经济提供金融支持。随着实体经济的不断发展，居民储蓄的不断上升会限制生产投资的增长，使许多生产过程因缺乏投资被困在没有经济效益的规模上。虚拟经济则可以其流动性和高获利性吸引大量暂时闲置和零散的资本投入股票、债券和金融衍生品等虚拟资本上，全社会的沉淀资本就由此投入实体经济中以满足实体经济发展过程的资金需要。如银行系统通过储蓄存款将社会上的闲散资金集中起来以贷款、投资等方式让企业在证券市场上通过发行股票、债券、票据、可转换债券等金融工具吸收社会闲散资金，满足其进一步发展之需。由于金融市场上融资渠道的拓宽、融资技术的提高、融资成本的下降，使储蓄转化为投资的渠道更通畅、更便捷，为实体经济的发展提供了坚实的融资支持。③有助于分散经营风险。

虚拟经济对实体经济的负面或消极影响主要是：①虚拟经济过度膨胀加大实体经济动荡的可能性。虚拟经济若以膨胀的信用形态进入生产或服务系统，会增加实体经济运行的不确定性。特别是那些与实体经济没有直接联系的金融衍生品的杠杆效应，使得虚拟资本交易的利润和风险成倍增加，在预期风险与预期收益的心理影响下易造成投机猖獗，谋取巨额利润的同时会使微观经济主体陷入流动性困境，带来经济动荡甚至是陷入经济危机。1997年亚洲金融危机的爆发就是受到国际投机资本冲击的体现。②虚拟经济过度膨胀导致泡沫经济的形成。由于虚拟经济的价格形成更多会受到人们心理预期的影响，如果出现对虚拟资本过高的预期，使其价格脱离自身的价值基础，就会导致实体经济中大多数商品的价格也脱离其价值上涨，形成虚假的经济繁荣。人们的预期收益率较高将使大量资金从实体经济领域流向金融市场和房地产等领域，严重影响生产资源的合理配置，使得实体经济领域的生产和投资资金供给不足，企业破产频繁，金融机构出现大量呆坏账。而金融机构为了规避风险提高利率又会使更多的企业陷入困境，一旦泡沫破灭爆发金融危机，失业率上升，居民消费支出紧缩，总需求极度萎缩，将造成宏观经济的持续衰退。③虚拟经济危机容易传导给实体经济。2007年美国次贷危机诱发了全球金融危机，进而导致全球实体经济危机的爆发，就是一个例证。此外，2010年欧洲主权债务危机也是虚拟经济危机的体现，进而也引起了实体经济的危机。

4.2 金融健康发展对经济安全的促进作用

金融发展对经济安全的促进作用主要表现为，金融发展是经济安全的原因之一，两者之间是"供给导向型"。"供给导向型"的金融发展先于对金融服务的要求，并能对经济安全起促进作用，它能够动员在传统部门中冻结了的资源，将它们转向能够促进经济发展的现代部门，并使这些资源能够被应用到最好的项目中去。众多的研究表明，解除管制，实行金融自由化和金融深化，进行金融系统的革新，银行领域的进一步发展，金融中介提高物质资本积累率，促进区域的金融发展，对一国的经济安全起到了积极的促进作用。具体如下。

4.2.1 促进资本形成

金融发展促使资本形成进而推动经济安全的途径大体上有两个方

面：一是推动储蓄总量和投资总量的增长，扩大资本形成的资金来源；二是通过资源配置提高投资边际收益率。投资边际收益率的增长是通过把储蓄更有效地分配在潜在投资项目之间来实现的，而这种投资的再分配反映在不同金融机构的业务经营和不同特征的金融工具的发行过程中。估价金融发展对经济安全的潜在或可能的影响，需要考察经济资源自储蓄到投资，自投资到资本形成的全过程。在货币经济下，自储蓄到资本形成要经过三个阶段：第一阶段是储蓄货币金融化，即把收入的一部分以货币等形式省下来不用于消费；第二阶段是储蓄集中，即通过财政、金融等机构与组织使零星储蓄汇集在一起，汇聚的结果是集中货币余额的支配权；第三阶段是投资货币化，即由金融机构或金融市场将集中的货币资金贷给投资商，投资商取得货币支配权后用其购置机器设备、建设厂房等，以形成资本存量。长期来说，金融发展对资本形成提高的贡献在于四个方面：一是提高储蓄率相对增量，二是降低金融中介费用率，三是提高储蓄——投资转化系数，四是提高投资——资本形成率。

4.2.2　促进就业

金融发展对劳动就业的长期增长也起着积极的作用。这种作用主要是通过促进劳动就业率增长体现出来。金融不能使人口增加，也不能使劳动力增加，但可以使总劳动力中的就业人数增加。一方面，金融通过促进产业部门资本投入量的增加以吸纳更多的就业人数；另一方面，金融领域直接吸纳了就业量，可以用金融业的就业人数占总就业人数的比重，以及由于产业部门的资本形成而引致的就业增长来衡量金融对就业增长量提高的贡献。长期而言，金融发展对就业增长的贡献主要体现在两个方面，一是提高金融部门的就业相对增量，二是通过加速产业部门资本形成间接提高产业部门就业相对增量。

4.2.3　推动技术进步

金融发展对技术开发以及技术转让起到了推动作用。从广义角度来说，技术开发主要表现为对人力资本和研究与开发资本的生产。人力资本的投资对产出的作用是通过人力资本水平的提高而间接进行的，人力资本以劳动者为载体，体现了劳动者的素质与技能，它构成了技术开发的软件部分，研究与开发资本以生产中的实物资本为载体，体现了生产所使用的资本品的技术水平，它构成了技术进步的硬件部分，硬件和软件一起共同推进了生产的高效率，这就是广义技术开发的内在机制。高新技术开发成功后，还需要将高新技术转化为产业，高新技术只有顺利进行产业化才能变成现实的生产力，又由于高新技术产业化具有高投资、高风险、高回报的特征，因而需要特定的金融资本与金融市场的支持。高科技企业是高新技术转化的载体，短期内，金融对高科技企业的支持通常体现在通过各种手段为高科技企业转化进行融资，这种融资安排大部分表现在风险资本市场、高科技资本市场的规模、结构及长期稳定性制度安排上。长期而言，假定技术开发指数、技术转化指数为常数的情况下，长期金融发展在金融制度安排上对技术实现的贡献在于两个方面：一是提高了金融——技术开发投入相对增量，二是提高了金融技术转化投入相对增量。

4.3　金融发展与实体经济的背离趋势

发展金融业的初衷就是服务于实体经济，为实体经济提供资金融通是主要目的，但是从实体经济中吸收的闲散资金，能不能完全有效适用于实体经济发展的需要，这是一个很重要的问题。即使在实体经济动态无效时，金融也具有改善经济效率的作用，促使资本运动周而复始。但是，由于虚拟资本不一定完全转变成实体资本，可能继续停留在虚拟经济中，或是以储蓄的形式作为财富持有，处于金融窖藏状态，再等待时机再次转变为虚拟资本。因此，虚拟经济和实体经济中的货币流动性是不对称的，虚拟经济和实体经济对货币资金的吸引力也是不对称的，这为虚拟经济与实体经济的背离奠定了行为基础。

"金融相关比率"（Financial Interrelation Ratio，简称 FIR）是全部金融资产价值与全部实体资产（即国民财富）价值之比，就是用来判断金融发展与实体经济背离程度的最为常用的指标，这也是衡量金融上层结构相对规模的最广义指标。戈德史密斯认为"金融相关比率"的变动反映的是金融上层结构与经济基础结构之间在规模上的变化关系，它大概可以被视为金融发展的一个基本特点，因为在一定的国民财富或国民产值的基础上，金融体系越发达，金融相关比率也越高，所以人们推断出，在经济发展的过程中，金融相关比率必然会逐步提高，而且可以根据金融相关比率来衡量金融发展达到何种水平，这里我们视其为背离趋势的度量指标。

对于金融发展与实体经济的背离趋势，可以从数量背离（quantitative decoupling）和功能背离（functional decoupling）两个层面进行评析。所谓数量背离就是从市值总量来看待背离，虚拟经济总量相对于实体经济总量的增长速度、平时的交易量，都要远远高出（甚至可能不是）一个数量级别的增长；所谓功能背离就是指虚拟经济功能随着实体经济发展与金融市场自身的积累而不断异化，金融市场的功能背离了服务于实体经济的宗旨，金融市场的服务功能与实体经济的支撑功能分裂开了，这种功能层面的割裂促使背离程度加剧。数量层面的背离与功能层面的背离相互影响，数量背离导致虚拟经济膨胀，为功能背离提供了基础；功能背离异化了金融市场的发展，使其产生相对独立的发展路径，这又会加剧数量背离。

关于金融市场高速膨胀的争论最多的可能就是外汇、股票交易量巨大而强劲的增长。以外汇为例，由于全球外汇市场是没有准确的交易量统计的，由于主要靠国际清算银行的事后调查，所以市场无法根据交易统计，国际清算银行（BIS）2015 年调查数据显示，2015 年的日均交易额可能超过 4 万亿美元，年平均增幅超过 50%，外汇市场发展的增速使得其他虚拟经济市场相形见绌，这个增速约为全球实体经济增速的十倍。许多观察家将这一比率当作数量层面背离趋势的核心问题的典型表现：金融市场目前是如此强大，以至于它与实体经济之间的共同之处已经很少了。

4.4 金融发展、金融安全与金融危机

金融发展一方面能够服务于实体经济，促进经济安全；另一方

面，当金融发展脱离实体经济基础，会对实体经济发展起到消极作用。特别是由于金融发展自身具有非稳态性、金融业内生的脆弱性和高杠杆性以及经济全球化背景下金融危机的多重传导机制的影响，对实体经济发展起到消极作用的可能性会更大。从目前的研究看，金融危机传导机制主要包括：实体传染机制、金融传染机制和预期传染机制。同时，理论界已发展形成三代金融危机模型，包括：第一代货币危机模型，第二代多重均衡、自我实现模型和第三代金融中介危机模型，金融发展与实体经济背离带来经济的泡沫化增长，影响金融安全，严重的则会形成全球性金融危机。下面以金融发展与实体经济的背离为例，阐述金融发展与实体经济的背离对金融安全的负面影响。

近年来，美国金融发展和金融创新与实体经济的背离主要表现在四个方面。

（1）金融业的自我服务倾向。大部分金融创新，尤其是金融衍生产品，已经找不到与实体经济的关系了。从上文理论分析中我们看到，金融与实体经济之间的关系既有促进、有连接的方面，也有脱离的方面。货币的产生解决了资源跨时期配置问题，它促进了与实体经济的关联，促进了实体经济的发展，但同时产生了通货膨胀或通货紧缩的问题。在货币的基础上产生了金融衍生产品，包括债券、股票、期货和期权等与利率、产权相关联的产品，解决了跨区域的配置问题。然而，产生了金融衍生产品之后，就有进一步脱离实体经济的倾向，比如，金融自身就会成为发展的目的，就有一个独立的行业即货币经营业的产生。这也是前面提到的金融发展与实体经济之间天然的背离趋势。

金融业进一步发展就有了衍生业。金融衍生品在风险管理、价格发现以及市场的流动性问题上起到了积极作用。但衍生产品进一步脱离实体经济。因为衍生品的定价基础是原生品的价格变化，在它的定价基础上，已经找不到与实体经济的关系。更有甚者，由于它是这样一个定价基础，所以操纵价格在衍生品领域中就成为无可厚非的事情。这也是美国金融危机爆发的一个重要原因。

（2）金融活动干扰了实体经济的活动。典型的例子是石油价格的波动、大宗商品价格的波动以及农产品价格的波动。石油产品在20世纪70年代的时候,定价是供应方和需求方的长期合约。两次石油危机之后,由于市场波动比较厉害,也由于当时四个危机即美元危机、布雷顿森林体系危机、石油危机、黄金危机同时发生,石油定价就进入了供求双方短期合约的时期。到了20世纪90年代,全面地转入了金融定价时期。不仅是石油产品,其他大宗农产品、其他矿产品也都进入了金融化时代。在这一过程中,金融正是通过定价渗透到这一领域中来。纵观美国石油期货市场的参与者,可以看到其中不到20%是套期保值,即真正的生产者和真正需要的人;60%左右是纯金融机构,第一位的是对冲基金,第二位的是投资银行,第三位的是各种各样的金融机构。市场参与者不同,其决策函数就不一样。纯粹生产石油的和纯粹需要石油的,会考虑供求和成本以及市场情况;金融机构进入之后,它所考虑的基本上就不是石油供求质量,而是在这里面怎样投机炒作。2000年之后包括2008年的油价暴涨与暴跌,以及股票的暴涨与暴跌,其背后都是金融因素在发挥作用。

当金融因素进入工业原料和日常生产原料等大宗产品领域,使得价格暴涨暴跌时,它的作用就是负面的。价格的波动使得宏观政策随之大幅波动,使得实体经济波动性增强。

(3)模糊了正常的风险管理模型。金融业实际上是为了防范风险而产生的。在金融业中,防范风险有很多的模式和方法,大致分为两类:第一类是规避;第二类是管理。所谓规避,就是当发现风险的时候,不对它提供金融服务。然而此次美国次贷危机,则是金融业为了创新而创新,将金融服务提供给了风险最为集中的地方,脱离了金融业风险规避的本质。风险管理,就是当发现风险的时候,把它留置在资产负债表中,用管理的手段监督并跟踪其变化,其中最重要的是必须很好地对风险进行定价,并根据定价提供资本储备。最近几年表现出的金融业常见的管理风险的办法,就是通过出售转移分享。然而,转移并不能消灭风险,只是转移。这也是次贷危机瞬间转化成全球性金融危机的原因之一。

(4)新兴金融业脱离实体经济存在。在2008年全球金融危机中,投资银行首当其冲，最终分别以收购、破产和转型宣告投行时代的终结。其中一个重要原因就是投行的经营模式脱离实体经济，投资银行对冲基金式的经营模式本身加剧了实体经济的波动。同时，投资银行高分红的激励模式，虽一度被推崇，现在从金融稳定、金融安全乃至社会稳定的角度来看是不合理的，这种模式是不应当存在的。

正是由于美国金融发展与实体经济发展在多个层次的背离，带来了金融发展脱离实体经济基础，出现经济泡沫，损害了金融稳定与金融安全，最终导致了由金融衍生工具——次级贷款债券引发的全球性经济危机。这一过程用惨痛的现实再一次向我们证明：金融发展的本质是服务于实体经济发展，金融发展要与实体经济相互协调，否则必将影响经济安全，这是一个不争的事实。

5 银行信贷质量与金融安全分析

在中国改革开放以来的经济增长过程中，银行业在经济社会中发挥着重要作用。但是，由于扩张性货币政策的影响，导致银行信贷猛增，信贷质量下降。在刺激经济的同时也埋下金融泡沫的伏笔，而风险累积延续到货币政策的紧缩阶段，削弱了其治理通胀的效力。个体银行风险反应差异将进一步扰动市场均衡，阻碍货币政策预期目标的实现。本章将采用1999—2009年中国50家银行数据，对银行信贷质量与金融安全的关系进行分析与检验。❶

5.1 基本数据及变量解释

（1）数据和样本

1998年中国人民银行改革货币调控机制，取消了对商业银行的信贷规模控制，实行资产负债比例管理，标志着我国货币政策调控由直接调控机制转向以间接调控机制为主。2008年全球金融危机之后，中国人民银行进一步加强了货币政策的指导，中国银监会则加强了金融监管。本章进行实证研究的样本数据取自改革后的1999—2009年。研究样本为50家商业银行，包括4大国有银行，11家全国性上市银行和光大银行、渤海银行、广东发展银行3家（样本期内）全国性股份制商业银行，并选择了32家规模较大、公司治理较完善、数据披露相对全面的城市商业银行，样本涵盖20个省市自治区，具体包括：

---

❶ 本章主要引自：于一，何维达. 货币政策、信贷质量与银行风险偏好的实证检验 [J]. 国际金融研究，2011（11）：59－68。此处做了适当修改。

京、津、冀、晋、蒙、辽、吉、黑、沪、苏、浙、皖、闽、赣、鲁、豫、鄂、粤、桂、滇。其中上市银行数据来自 CSMAR 数据库以及 Bankscope 数据库，非上市银行数据来自各银行年报手工收集整理，货币政策数据来源于《中国金融年鉴（2000—2010）》和 CCER 中国经济金融数据库。由于部分银行个别年份数据缺失，样本为非平衡面板数据。

（2）变量定义与测度

① 风险衡量

根据前文的分析，货币政策对银行风险的影响主要是银行改变风险偏好以确保利润和放松信贷标准导致信贷质量恶化，因此本文分别使用风险资产比例（$RiskT$）和不良贷款率（NPL）考察这两种影响。参考 Delis 和 Kouretas 的计算方法，$RiskT$ 为银行风险资产占总资产比率，其中风险资产指的是所有价值会跟随货币市场或信贷市场波动的资产，包括银行总资产中除去现金、存放中央银行款项以及拆放同业的部分。显然，$RiskT$ 越大说明银行风险偏好越大。

出于金融稳定的目的，信贷质量受到严格的监管，银行往往通过各种手段（如扩大贷款总量稀释不良贷款率等）控制这一指标。此外，政府在银行上市前对不良贷款的剥离等处理也造成了这一指标的异常波动。在这些方面，风险偏好（$RiskT$）受到的影响更小。更为重要的是，风险偏好体现了银行主动的风险选择，而信贷质量至少在一定程度上取决于贷款项目的成败，主要从客观上反映银行风险。

② 货币政策

1998 年后，人民银行宣布以货币供应量作为唯一的货币政策中介目标，因此本章参考蒋瑛琨等（2005）等人的研究，使用消除季节影响的货币供应量 $M2$ 的增长率（$M2G$）作为货币政策的代理变量。但货币政策传导理论认为，无论中介变量如何设定，货币政策要对实体经济发生影响都要通过利率这一环，我国的货币政策调控也始终将信贷规模作为实际目标之一，在实际操作中需要结合利率政策控制资金价格，因此本章参考姜再勇、钟正声（2010）和何维达等（2015）

的方法，同时使用 1 年期存款基准利率的年度均值（$IR-1Y$）作为度量货币政策状态的另一指标。此外，尽管标准的经济学理论认为存款准备金率工具效果过于猛烈，不宜常用，但在近年来我国国际收支持续顺差与基础货币供应过剩的特殊背景下，人民银行把存款准备金率发展成为常规的流动性管理工具，因此本章的货币政策变量还包括作为数量调控工具的存款准备金率年度加权均值（RR）。

③ 控制变量

本章控制了一系列可能影响风险的其他因素。首先，使用银行一级资本除以总资产计算银行杠杆率（$Capital$）；其次，随着中国金融市场快速发展与金融管制逐步放松，越来越多的银行开展了传统利差业务之外的创新业务。参考 Stiroh 和 Rumble（2006），本章使用收入多元化变量（$DIVER$）衡量银行创新业务的开展情况，计算方法为：第一，减去净利息收入比例的平方再减去非利息收入比例平方；第二，使用银行总资产的自然对数（$\ln TA$）衡量银行的规模。宏观层面控制变量包括：实际人均 GDP 增速（$GDPGpc$），经济虚拟化程度（$StoGDP$，年度证券市场总市值与 GDP 的比值），通货膨胀程度（以 CPI 衡量）以及银行业市场集中度（$CR4$，银行存款市场 $CR4$）。

（3）数据描述性统计与相关分析

我国银行风险偏好变量 $RiskT$ 均值为 0.775，与 Delis 和 Kouretas 文中欧盟区银行的 0.776 接近，但不良贷款率 NPL 均值为 4.83%，明显高于欧盟区的 3.1%。表 5-1 的变量相关系数矩阵中，除货币政策的衡量变量之间呈现出较高的相关性之外，部分宏观控制变量与货币政策变量的相关性也较高，这会引致模型中的内生性问题，下文中对该问题进行了讨论。

表 5-1 变量相关系数矩阵

	Capital	DIVER	lnTA	IR-1Y	RR	M2G	GDPGpc	StoGDP	CR4	CPI
Capital	1									
DIVER	-0.002	1								
lnTA	-0.136	-0.004	1							
IR-1Y	0.202	-0.005	-0.029	1						

	Capital	DIVER	LnTA	IR-1Y	RR	M2G	GDPGpc	StoGDP	CR4	CPI
RR	0.253	0.052	-0.070	0.749	1					
M2G	0.129	0.067	-0.079	-0.101	-0.503	1				
GDPGpc	0.063	-0.077	-0.048	0.192	0.086	-0.078	1			
StoGDP	0.162	-0.062	-0.043	0.447	0.418	0.214	0.638	1		
CR4	-0.167	-0.059	0.084	-0.441	-0.704	-0.360	-0.211	0.013	1	
CPI	0.066	-0.012	-0.011	0.744	0.473	0.473	0.422	0.275	-0.539	1

图 5 - 1 ~ 图 5 - 3 给出了银行风险偏好 $RiskT$（经年度资产加权调整）与货币供应量 M2 增长率、一年期存款利率 $IR-1Y$、准备金率 RR 之间的波动关系图。货币政策变量轨迹反映了样本期内我国货币的调整过程：1997 年亚洲金融危机后，为应对长达 7 年的通货紧缩，央行在 2004 年之前一直实施相对宽松的货币政策；2004—2007 年，投资增长过快势头显现，货币政策经由平稳逐步过渡到从紧；2008 年下半年，面临国际金融危机的冲击，货币政策果断转向宽松。样本期内三种货币政策变量的变化趋势较为一致，银行风险倾向与货币政策变量之间呈现出明显的反向关系，货币政策的"宽松—紧缩—宽松"与银行风险的"高—低—高"阶段相互对应。

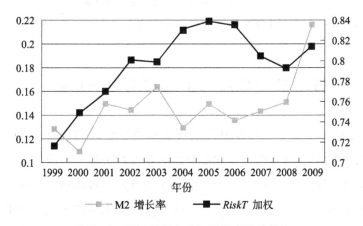

图 5 - 1　风险偏好与 M2 增长率波动轨迹

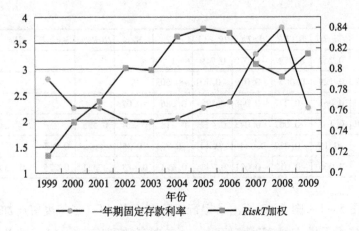

图5-2 风险偏好与一年期存款利率波动轨迹

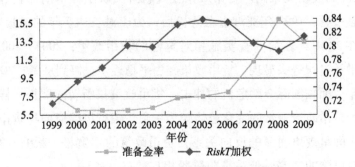

图5-3 风险偏好与准备金率波动轨迹

数据来源：各年份《中国统计年鉴》《中国金融年鉴》以及作者计算数据。

5.2 银行"风险效应"的实证分析与检验

表5-1显示了回归变量之间可能的内生性问题，内生性会导致解释变量之间、解释变量与残差项之间存在相关性，传统的普通最小二乘回归不再适用。此外，我国银行业的特殊性可能造成风险的动态延续。首先，样本期内我国银行业改革开放带来了市场竞争性的持续增强，Keeley认为市场竞争显著影响银行风险（1990）；其次，我国银行中普遍存在关系型借贷，Delis和Kouretas指出关系型借贷网络往往具有延续性（2010）；再次，如张杰所言，我国银行部分承担了国

家财政职能并具有宏观调控工具属性，而调控政策具有持续性；最后，Borio 和 Zhu 提出银行业的监管本质（如资本充足率要求等）限制了银行策略调整的灵活性（2008），导致了风险的延续性。因此本章必须考虑银行风险的动态性。当本期风险受到上期的影响时，静态模型的估计结果是有偏的，需要建立动态模型如下：

$$Rit = \alpha + \sigma(Rit - 1) + \beta_1 MPit + \beta_2 bit + \beta_3 ct + uit \qquad 5-1$$

其中 Rit 表示银行 i 在年份 t 期间的风险反应，$Rit-1$ 为风险滞后项。$MPit$ 代表货币政策衡量变量，b 为银行层面的控制变量，c 为宏观层面控制变量，uit 为残差项。

当内生性与动态性问题共存时，Arellano 和 Bover、Blundell 和 Bond 提出的动态广义距估计（SYS – GMM）方法同时使用解释变量的水平滞后项与差分滞后项作为工具变量，从而能够有效解决两方面问题。除货币政策变量之外，本章进一步考虑了控制变量可能的内生性：资产杠杆率（$Capital$）是监管部门关注的重点指标之一，因此设为外生变量；多元化变量（$DIVER$）可能受到来自前期与当期因素的冲击而非严格外生，本书将其设定为前定变量（$predetermined$）；银行在进行任何风险决策时必然考虑自身规模（$\ln TA$），因此本书没有将此变量设为外生变量，而设为前定变量。回归结果如表 5 – 2 所示。

表 5 – 2　货币政策银行风险效应检验结果

模型	I	II	III	IV	V	VI
因变量	$RiskT$	$RiskT$	$RiskT$	NPL	NPL	NPL
MP 变量	$IR-1Y$	RR	$M2G$	$IR-1Y$	RR	$M2G$
滞后项	0.4089 ***	0.4610 ***	0.3781 ***	0.5773 ***	0.5709 ***	0.5567 ***
	(26.16)	(16.34)	(19.86)	(74.77)	(110.73)	(75.65)
MP	– 0.0144 ***	– 0.0023 ***	0.2061 ***	– 0.2398 ***	– 0.1941 ***	0.4896 ***
	（– 4.14）	（– 3.03）	(15.10)	（– 6.67）	（– 6.19）	(6.09)
$Capital$	0.0021 ***	0.0008 *	0.0021 ***	– 0.4712 ***	– 0.3628 ***	– 0.5089 ***
	(11.53)	(1.83)	(10.80)	（– 20.98）	（– 35.38）	（– 28.82）
$DIVER$	– 0.01301	– 0.0104	– 0.0306 ***	3.0305 ***	2.7985 ***	3.3338 ***
	（– 0.63）	（– 0.72）	（– 3.98）	(5.01)	(5.40)	(5.22)
$\ln TA$	0.0025 ***	0.0028 ***	0.0043 ***	0.1108 ***	0.0213	0.1648 ***
	(2.62)	(2.63)	(5.63)	(5.02)	(0.86)	(9.10)

模型	I	II	III	IV	V	VI
GDPGpc	0.0038 ***	0.0022 **	0.0073 ***	−0.1754	−0.5707 ***	−0.2017 *
	(4.56)	(2.08)	(8.20)	(−1.53)	(−8.56)	(−1.87)
StoGDP	0.0167 ***	−0.0097	0.0545 ***		1.4045 ***	
	(5.69)	(−1.63)	(13.61)		(5.80)	
CR4	−0.0581 ***	−0.0963 ***	0.0049		0.3356	
	(−8.22)	(−6.87)	(0.41)		(0.62)	
CPI	−0.0006	0.0028 ***		−0.2635 ***	0.1064 ***	−0.1333
	(−0.78)	(7.94)		(−8.96)	(7.12)	(−1.57)
常数项	0.4359 ***	0.4215 ***	0.3022 ***	2.9752 ***	8.4022 ***	0.6073
	(29.30)	(17.75)	(11.47)	(4.63)	(6.28)	(1.33)
AR（1）	0.0002	0.0002	0.0004	0.0274	0.0412	0.0075
AR（2）	0.5683	0.4983	0.7300	0.4061	0.4693	0.3047
Sargan	0.9999	0.9995	0.9994	0.9997	0.9999	0.9989

注：* 表示在10%水平上显著，** 表示在5%水平上显著，*** 表示在1%水平上显著。括号中为 *Z* 值。*mp* 表示回归模型中使用的货币政策变量。*AR*（1）、*AR*（2）为 Arellano - Bond 检验结果 *P* 值，分别检验是否存在一阶和二阶自相关；Sargan 报告 Sargan 检验结果 *P* 值，验证工具变量的合理性。

考虑信贷质量（*NPL*）的客观风险结果特性，在模型IV—VI中本书参照 Giovanni 等使用货币政策变量的滞后项进行回归，并进一步加入了年度虚拟变量控制信贷质量（*NPL*）可能受到的其他干预。经上述处理后，表5-2中各模型均能够较好地通过自相关检验（*AR test*）与过度识别检验（*Sargan test*），显示 SYS - GMM 方法是合理的。各种货币政策变量均与风险效应变量显著相关，验证了货币政策风险效应在我国的存在，即扩张性货币政策会降低贷款质量，放大银行风险偏好。回归结果中因变量滞后项系数均在1%的水平上显著，且符号为正，显示了银行风险受历史趋势的影响。回归系数的大小进一步说明，受贷款周期影响，信贷质量变化的动态特征更显著。

"风险效应"的存在为我国货币政策的理论效力难以实现提供了一个新的解释。当宏观经济处于衰退阶段时，政府会采取扩张性货币政策促进经济复苏，这导致信贷市场上资金充裕，需求方话语权增加，此时银行或放松信贷标准提高未知客户信用评级，或对传统优质客户展开竞争。放松信贷标准使原本不符合条件的客户（包括"融资平台"类政策性贷款）获得贷款，直接影响贷款质量。客户竞争导致新增信贷资源大量流向传统的"优质客户"，这类企业本身处于关系型信贷网内，面对充裕的流动性，极易发生道德风险行为，导致大量信贷资金游离于实体经济之外（如 2009 年年初扩张性货币政策下 M2 激增与 M0、M1 的深度背离）。动态性进一步导致这种风险效应持续数期，并在乘数效应和加速原理的作用下不断放大，增大了经济复苏的不确定性，削弱了货币政策的理论效力。

在宏观控制变量中，经济增长（$GDPGpc$）与 $RiskT$ 正相关，与 NPL 负相关，说明经济增长较快时银行的风险偏好较强，体现了银行业风险的顺周期性，但较快的经济增长降低了贷款市场上项目失败的概率，客观上提高了信贷质量。经济虚拟化（$StoGDP$）变量的回归系数反映了证券市场的发展加速了金融脱媒，增强了银行对信贷客户的竞争从而提高了银行风险。与 Giovanni 等的结论一致，这种竞争—风险的关系在市场集中度变量（$CR4$）的回归结果上也得到印证。

5.3 银行"风险效应"的经营特征异质性

在对货币政策信贷渠道的深入考察中，部分学者如 Kashyap 和 Stein、Gambacorta、Diamond 和 Rajan 注意到个体特征特别是资本结构、规模等因素会影响到银行对货币政策的反应，而 Delis 和 Kouretas 指出这种影响在欧盟区货币政策的风险效应中同样存在。因此，本章参考 Gambacorta、Delis 和 Kouretas 的方法，通过在式 5 - 1 中加入货币政策变量与银行异质性变量的交叉项 MPit * HEi 考察不同银行在风险效应中的差异反应，建立模型如下：

$$Rit = \alpha + \sigma(Rit - 1) + \beta_1 MPit + \beta_2 bit + \beta_3 ct + \beta_4 MPit * HEit + uit$$

5 - 2

本章首先考察银行特征，将资本充足率（$Capital$）、规模（$\ln TA$）

和多元化（*DIVER*）三个变量加入模型 5 – 2 的交叉项的 *HEit* 中，但这样做可能会导致交叉项与货币政策项、银行控制变量之间的多重共线性。为解决这一问题，本书对银行特征变量先取个体期望值后进入交叉项，从而避免可能的共线性问题。产权属性也可能造成银行的差异反应，本章使用三个虚拟变量国有（代表国有大型商业银行）、股份（全国性股份制商业银行）和城商（城市商业银行）考察银行产权属性，加入模型交叉项。回归结果如表 5 – 3 所示。

表 5 – 3　货币政策银行风险效应中的异质效应

模型	I	II	III	IV	V	VI
因变量	*RiskT*	*RiskT*	*RiskT*	*RiskT*	*NPL*	*NPL*
MP 变量	IR – 1Y	IR – 1Y	RR	M1	IR – 1Y	IR – 1Y
滞后项	0. 4054 *** (17. 71)	0. 4002 *** (16. 98)	0. 4086 *** (24. 79)	0. 7086 *** (17. 25)	0. 4869 *** (47. 76)	0. 5125 *** (58. 22)
MP		– 0. 0144 *** （ – 3. 91）	– 0. 0053 ** （ – 2. 13）	0. 0046 ** (2. 38)		– 1. 2551 *** （ – 6. 08）
MP * 城商	– 0. 0171 *** （ – 3. 25）				– 0. 0385 *** （ – 2. 55）	
MP * 股份	– 0. 0096 *** （ – 2. 87）				– 0. 8030 *** （ – 15. 26）	
MP * 国有	– 0. 0141 *** （ – 3. 25）				– 0. 9164 *** （ – 4. 47）	
Capital	0. 0023 *** (8. 92)	– 0. 0013 （ – 1. 28）	– 0. 0013 （ – 0. 73）	– 0. 0007 （ – 0. 67）	– 0. 4542 *** （ – 30. 40）	– 0. 9861 *** （ – 13. 18）
DIVER	– 0. 1897 （ – 0. 91）	– 0. 0232 （ – 0. 85）	– 0. 1312 ** （ – 2. 27）	– 0. 0437 *** （ – 3. 79）	2. 3698 *** (3. 44)	6. 8294 *** (5. 01)
lnTA	0. 0024 ** (1. 99)	0. 0032 * (1. 89)	0. 0032 *** (3. 15)	0. 0065 *** (4. 59)	0. 1838 *** (6. 70)	0. 1803 *** (4. 36)
GDPGpc	0. 0040 *** (4. 47)	0. 0043 *** (5. 08)	0. 0029 * (1. 71)	0. 0058 *** (7. 90)	– 0. 2205 *** （ – 17. 13）	– 0. 8509 *** （ – 12. 10）
StoGDP	0. 0165 *** (7. 69)	0. 0115 *** (2. 55)	0. 0118 (1. 07)	0. 0314 *** (3. 65)	3. 4879 *** (6. 67)	3. 9989 *** (12. 60)
CR4	– 0. 0663 *** （ – 7. 69）	– 0. 0808 *** （ – 10. 61）	– 0. 1080 *** （ – 2. 89）	– 0. 2362 （ – 0. 54）		– 8. 1070 *** （ – 5. 40）

模型	I	II	III	IV	V	VI
CPI	0.0007	0.01431 ***	0.0061 ***	0.0029 ***		− 0.7887 ***
	(0.95)	(2.78)	(6.69)	(7.38)		(− 5.50)
MP * Cap		− 0.0007 ***	− 0.0003 **	− 0.0016 ***		0.1283 ***
		(− 3.76)	(− 2.01)	(− 2.76)		(8.79)
MP * DIV		− 0.0048	− 0.1312 ***	0.0032 *		0.7723 ***
		(− 0.256)	(− 3.27)	(1.66)		(4.36)
MP * LNT		− 0.0003	− 0.0032 ***	0.0026 ***		− 0.0546 ***
		(− 1.53)	(− 3.15)	(2.76)		(− 9.76)
常数项	0.4426 ***	0.4508 ***	0.4785 ***	0.2502	1.8189 **	14.4562 ***
	(23.74)	(11.64)	(9.08)	(1.67)	(2.42)	(8.15)
AR (1)	0.0002	0.0003	0.0002	0.0001	0.0705	0.0383
AR (2)	0.5766	0.6897	0.5038	0.4376	0.2403	0.3401
Sargan	0.9979	0.9963	0.9999	0.9997	0.9987	0.9478

注：格式与表 5 - 2 相同。限于篇幅，NPL 回归只报告了部分结果。

加入交叉项后，货币政策的"风险效应"仍然显著存在，进一步验证了结论的稳健性。规模（$\ln TA$）交叉项与风险效应变量的回归结果说明由于"大而不能倒"和国家信誉担保，大银行在风险效应中更为激进。但有趣的是，对于资本充足率和业务多元化的交叉项变量，为此本章分别使用风险偏好变量（$RiskT$）和信贷质量（NPL）作为回归模型的因变量时，回归系数的方向相反，即在风险效应中，资本充足率高和收入更加多元化的银行更重视贷款质量，但却表现出更高的风险冲动。

资本充足率可能对银行风险造成两种影响：一般认为，高资本充足率降低了银行的道德风险，能够提高银行对信贷资金监督的积极性，也增强了银行以自有资本应对信贷损失的能力，有助于提高信贷质量，这是资本充足率作为重点监管指标的原因；但从相反的角度，在现行监管体制下，自有资本成为了银行信贷等风险资产规模的重要决定因素。预料到货币政策即将从紧，部分银行会预先补充资本金来保障高风险策略不被约束，以在紧缩阶段能够更加从容。表 5 - 3 中资本充足率变量交叉项（$MP * Cap$）的回归结果证实了上述两种影响的存在。模型Ⅴ和Ⅵ使用信贷质量（NPL）作为因变量时，资本约束客观上提升了银行信贷质量，验证了高资本充足率降低银行道德风险的作用。而模型Ⅰ—Ⅳ使用风险偏好（$RiskT$）衡量银行风险时，回归结果证明了第二种影响的存在，即自有资本充足又能化解紧缩政策的压力，银行的风险冲动难以得到抑制。在货币政策紧缩节点的2004年和2010年，商业银行都曾出现过的吸储、再融资与信贷超发也印证了这种影响。

收入多元化（$DIVER$）同样对信贷质量和风险偏好造成相反影响。NPL变量的回归结果说明，以服务费用与创新业务为基础的非利息收入有助于增加银行利润，扩大银行的收入来源，降低了银行对传统信贷利差业务盈利的依赖，从而有效减少银行放松信贷标准参与"以量补价"式的竞争，提高信贷质量。但$RiskT$变量的回归结果说明业务多元化支撑了银行的风险偏好，与Delis和Kouretas的发现类似，银行的非利息收入又被投入到风险资产中去，开展非利息收入业务成为银行对冲紧缩政策的有效工具。例如，2011年信贷紧缩以来，银行理财产品的数量、发行规模和收益率都出现了跳跃式增长：据中国社会科学院金融产品中心统计，2011年上半年，商业银行共发行8902款理财产品，超过2010年全年发行量的80%，累计募集资金8.5万亿元，远高于同期商业银行约4.2万亿元的累计新增贷款。这带来了两方面影响：一是银行凭借连续发行和到期续发理财产品形成资金沉淀，变相揽储削弱准备金率等工具的效力；二是在目前信息披露有限的背景下，部分信贷披上了理财产品的外衣，影响货币政策回收流动性的作用。银行属性交叉项的回归结果显示，货币政策带来的信贷质量恶化在国有银行中最为严重，其次是股份制银行，城商行最低，这与国有银行长期以来被广为诟病的贷款质量问题是一致的。但对于货币政策放大银行风险偏好的效应，城商行却最为敏感。一种可能的解释是城商行的超常规发展导致了高风险。近年来城商行发展呈现"唯规模论"的单一增长模式，以齐鲁银行为例：2009年年底，齐鲁银行总资产617.35亿元，较上年增长28.06%。在信贷激增的大环境下，到 2012 年年底，该行资产总额达到 800 多亿元，较 2009 年年底增长 33.03%，相当于三年翻了一倍。这种快速发展是推高风险的重要原因。

异质性进一步阻碍了货币政策效果实现。扩张性政策有助于宏观经济企稳回升，但这一过程中通过银行"风险效应"积聚的泡沫和风险越来越大，迫使政府运用紧缩性货币政策治理通货膨胀等问题。而紧缩性货币政策的有效性又受到个体银行的反应差异影响，如受限于资本充足率约束，中小银行更易受到资本压力影响而转向稳健经营，如根据各银行 2010 年年报数据显示，8 家股份制上市银行的存贷比平均达到 71.47%，其中招商银行贷存比为 74.59%。而大型商业银行存贷比均在 70% 以下，农行只有 55.77%。但部分银行或通过再融资、吸储等方式预先补充资本金，或开展创新业务充实资本，都削弱了稳健货币政策治理通胀的效力。例如，2011 年 4 月商业银行新增贷款规模为 7396 亿元，2010 年同期商业银行新增贷款规模为 7740 亿元。在货币政策由适度宽松转入稳健后，月度新增贷款的规模却差不多。可见，个体银行在"风险效应"中的异质反应是导致调控政策始终在矫枉过正中循环的重要原因之一。

5.4 银行"风险效应"的董事会异质性

上一部分证明了具有不同资产规模、杠杆率和多元化经营程度的银行面临货币政策冲击时会做出异质性表现，但这可能只是表象而非异质性的成因。根据第 5 部分的分析我们知道，尽管存在着一些削弱董事会功效发挥的被动合规因素（在我国特别表现为国有股带来的政府干预和过度监管对董事会职能的替代），但我国商业银行的董事会结构仍能够依据其自身的信息不对称程度和委托代理矛盾选择适合的董事会结构，表现出较强的主动创新属性。作为现代企业的决策核心，银行在经营表现上的选择大多由董事会做出，因此董事会因素可能是造成银行"风险效应"异质性表现的根本原因。为检验这种影响是否存在，下面将使用董事会变量替代银行特征变量重新进行的回归分析，其中，银行风险变量、货币政策变量及控制变量保持不变，用到的董事会结构变量主要有：董事会规模（BS，以董事会人数的自然对数衡量），董事会独立性（IDP，以董事会中独立董事占比衡量）。回归结果如表5-4和表5-5所示。

表5-4　货币政策银行风险效应检验结果

模型	I	II	III	IV	V	VI
因变量	$RiskT$	$RiskT$	$RiskT$	NPL	NPL	NPL
MP 变量	$IR-1Y$	RR	$M2G$	$IR-1Y$	RR	$M2G$
滞后项	0.1199 ***	0.1239 ***	0.1708 ***	0.2911 ***	0.3639 ***	0.2352 ***
	(2.65)	(2.90)	(3.47)	(6.46)	(4.23)	(7.29)
MP	-0.0023 ***	-0.0037 ***	0.5323 ***	-0.0530 ***	-0.0087 ***	0.6125 ***
	(-3.03)	(-7.74)	(5.43)	(-3.84)	(-5.20)	(9.76)
BS	0.0797 **	0.0667 *	0.0784 ***			
	(2.15)	(1.90)	(2.4)			
IDP				0.0009 ***	0.0063 **	0.0006 ***
				(3.73)	(2.33)	(3.52)
$Capital$	-0.0034 ***	-0.0031 ***	-0.0025 ***	-0.0030 ***	-0.0031 ***	-0.0031 ***
	(-3.13)	(-3.19)	(-2.59)	(-9.03)	(-4.347)	(-8.59)
$DIVER$	0.0266	0.0304	0.0110 ***	0.0328 ***	0.0794 ***	0.0141
	(0.97)	(1.16)	(0.64)	(3.17)	(2.73)	(1.45)
$\ln TA$	0.0081 ***	0.0087 ***	0.0092 ***	0.0039 ***	0.0033 ***	0.0039 ***
	(8.03)	(9.28)	(9.54)	(8.59)	(7.92)	(8.78)
$GDPGpc$	0.0104 ***	0.0059 *	0.0006 ***	0.1174	0.0055 ***	0.0222
	(3.51)	(1.88)	(0.14)	(6.43)	(2.85)	(7.44)
$StoGDP$	-0.0137	-0.0098		-0.0039	0.0336 **	
	(-1.21)	(-1.03)		(-0.51)	(2.15)	
$CR4$	-0.2803 ***	-0.1850 **	0.0295	-0.3263	0.237 ***	-0.0175
	(-4.22)	(-2.52)	(0.27)	(-3.37)	(-2.66)	(-0.30)
CPI	0.0066 ***	0.0024 ***	0.0066 ***	0.0056 **		
	(2.80)	(3.20)	(12.29)	(2.10)		
常数项	0.3732 ***	0.3164 ***	0.3336 ***	0.6446 ***	0.6603 ***	0.2489 ***
	(3.58)	(3.94)	(3.57)	(12.44)	(10.60)	(6.68)
$AR(1)$	0.0442	0.0475	0.0465	0.0073	0.0164	0.0190
$AR(2)$	0.4225	0.4562	0.5623	0.1400	0.1198	0.3033
$Sargan$	1.0000	1.0000	1.0000	1.0000	1.0000	1.0000

注：表示方法与前表相同。

表5-5 对"风险效应"董事会异质性的考察

模型	I	II	III	IV	V	VI
因变量	RiskT	RiskT	RiskT	RiskT	NPL	NPL
MP 变量	Inter-7D	LR	LR	Inter-7D	LR	Inter-7D
滞后项	0.4356***	0.4089***	0.3444***	0.5029***	0.4944***	0.4595***
	(20.72)	(26.16)	(11.95)	(13.39)	(41.96)	(26.57)
MP	-0.06328***		-1.3042***			-0.6480***
	(-9.52)		(-6.09)			(-5.74)
MP*城商		-1.3259***			-22.9337***	
		(-7.76)			(-2.55)	
MP*股份		-0.9288***			-51.4397***	
		(-3.07)			(-2.55)	
MP*国有		-1.0457***			-75.1026***	
		(-5.17)			(-6.08)	
Capital	0.0027***	0.0021***	0.0008*	0.0046***	-0.5055***	-0.8618***
	(12.95)	(9.42)	(1.63)	(3.43)	(-25.32)	(-7.09)
DIVER	-0.0222*	-0.0514**	-0.0450**	-0.0148	3.1250***	8.5129***
	(-1.84)	(-2.46)	(-2.04)	(-0.61)	(3.10)	(5.41)
lnTA	0.0031***	0.0028**	0.0057***	0.0016	0.1788***	0.5969***
	(3.14)	(2.15)	(3.72)	(0.63)	(4.59)	(12.85)
GDPGpc	0.0122***	0.0053***	0.0057***	0.0149***	-0.5620***	-0.4953***
	(5.77)	(3.77)	(4.70)	(4.48)	(-14.57)	(-6.07)
StoGDP	0.0035	-0.0189***	-0.0177***	-0.0116*	2.0894***	2.6089***
	(0.89)	(-6.38)	(-5.45)	(-1.79)	(7.91)	(5.58)
CR4	-0.0316**	-0.0933***	-0.09419***	-0.0549*	1.503412	-0.6111
	(-2.00)	(-7.58)	(-5.55)	(-1.77)	(1.37)	(-0.32)
CPI	0.0111***	0.0016***	0.0014***	0.0129***	-0.0744***	-0.1813***
	(6.83)	(4.20)	(3.89)	(4.81)	(-2.92)	(-3.52)
MP*Cap			-0.0085*			
			(1.91)			
MP*DIV			-0.2736**			0.3951***
			(-2.38)			(3.53)
MP*lnT			-0.2106***			-0.0338***
			(-3.28)			(-11.90)
常数项	0.5864***	0.4719***	0.4416***	0.7183***	4.2776***	-6.0397***
	(23.15)	(16.10)	(11.44)	(11.75)	(4.89)	(-2.37)
AR (1)	0.0002	0.0001	0.0007	0.0001	0.0620	0.0421
AR (2)	0.4884	0.7017	0.7174	0.3605	0.2909	0.3066
Sargan	0.9999	0.9987	0.9997	0.9999	0.9984	0.9987

注：表示方法与前表相同。

为检验这种影响是否存在，下面将使用董事会变量替代银行特征变量重新进行回归分析，其中，银行风险变量、货币政策变量及控制变量保持不变，用到的董事会结构变量主要有：董事会规模（BS，以董事会人数的自然对数衡量），董事会独立性（IDP，以董事会中独立董事占比衡量）。回归结果如表 5-4 所示。从回归结果中可以发现，货币政策的银行"风险效应"依然显著，验证了该结论的稳健性。无论是否控制银行经营特征（限于篇幅未报告），董事会规模与独立性变量的回归系数显著为正，表明拥有大董事会和更多独立董事约银行的高风险行为，只为这种行为提供服务和建议。

董事会规模越大的银行具有更高的风险倾向，这似乎与经典的公司治理理论并不一致，即更强的董事会并未实现有力的风险监督。对此，我们的解释：在我国，董事会规模大、独立性强的银行大多是国有大行（前文的分析指出部分国有银行董事会规模较大的原因即是充斥了大量的国有股权董事），国有大行一方面承担了大量政策性、政治性贷款任务，增大了我们的风险倾向 $RiskT$ 变量，另一方面由于拥有国家信誉担保，国有大行一贯具有更大的风险冲动。本章的研究结果说明这种现象在银行中同样存在，独立董事并未能够充分有效地发挥作用。

表 5-5 报告了加入货币政策变量与董事会变量交叉项后的回归结果，表 5-6 用于检验董事会在货币政策银行"风险效应"中的作用。结果显示，规模大、独立性强的董事会放大了货币政策的风险效应。与表 5-4 表明的结论略有不同，此处的结果说明面临货币政策的外部冲击，规模大、独立性强的董事会选择了更为激进的风险决策，可能的解释是：近年来，我国银行业一直处于快速扩张的发展阶段，依靠高资本消耗业务重复着"面多了加水，水多了加面"的发展模式，由于存在隐性的国家信誉担保，面临货币政策的放松，银行倾向于通过高风险行为进行同质化竞争。

表5-6　稳健性检验结果

模型	I	II	III	IV	V	VI
因变量	*RiskT*	*RiskT*	*RiskT*	*NPL*	*NPL*	*NPL*
MP 变量	*IR* − 1*Y*	*RR*	*M2G*	*IR* − 1*Y*	*RR*	*M2G*
滞后项	0. 1013 *** (2.69)	0. 1575 *** (2.58)	0. 0835 * (1.75)	0. 2989 *** (8.16)	0. 2002 *** (6.92)	0. 3192 *** (9.86)
MP	− 0. 0531 *** (− 3.50)	− 0. 0181 *** (− 5.12)	0. 2352 *** (4.96)	− 0. 0113 *** (− 3.67)	− 0. 0062 *** (− 4.10)	0. 5072 *** (12.53)
BS	0. 1360 ** (3.87)	0. 0439 ** (2.18)	0. 0668 * (1.84)			
IDP				0. 0016 *** (5.20)	0. 0099 ** (2.62)	0. 0010 *** (3.66)
MP ∗ *BS*	− 0. 0241 *** (− 4.30)	− 0. 0035 *** (− 2.75)	0. 7262 *** (6.21)			
MP ∗ *IDP*				− 0. 0003 *** (− 3.34)	− 0. 0001 * (− 1.81)	0. 0041 *** (2.93)
Capital	− 0. 0021 ** (− 2.05)	− 0. 0025 *** (− 2.61)	− 0. 0007 *** (− 0.70)	− 0. 0031 *** (− 5.24)	− 0. 0022 *** (− 2.77)	− 0. 0023 ** (− 2.55)
DIVER	0. 0310 (1.07)	0. 0179 (0.80)	0. 0051 (0.17)	0. 0528 *** (2.63)	0. 0639 *** (3.26)	0. 0037 (0.26)
ln*TA*	0. 0076 ** (2.55)	0. 0064 ** (2.30)	0. 0093 *** (4.59)	0. 0042 *** (7.75)	0. 0032 *** (8.16)	0. 0037 *** (6.74)
GDPGpc	0. 0092 *** (3.16)	0. 0134 * (1.95)	0. 0396 *** (7.76)	− 0. 0015 (− 4.68)	− 0. 0028 * (− 1.69)	0. 0140 (13.66)
StoGDP	− 0. 2959 *** (− 4.90)	− 0. 0792 ** (− 2.15)	0. 0111 (0.69)		0. 0329 * (1.89)	− 0. 0722 *** (− 43.52)
CR4	0. 0109 *** (0.10)	− 0. 2481 (− 1.60)	1. 0207 *** (5.53)		0. 1982 *** (2.89)	0. 0819 *** (2.19)
常数项	0. 1054 (1.32)	0. 1027 (0.58)	3. 2778 *** (5.31)	0. 4886 *** (13.67)	0. 7219 *** (13.42)	0. 2307 *** (7.11)
AR (1)	0. 0420	0. 0082	0. 0422	0. 0398	0. 0273	0. 0030
AR (2)	0. 3505	0. 7486	0. 4153	0. 1154	0. 1877	0. 6385
Sargan	1. 0000	1. 0000	1. 0000	1. 0000	1. 0000	1. 0000

注：表示方法与前表相同。

对于稳健性检验，本章进行了以下处理：（1）使用多种利率变量重新进行表5-2和表5-3的回归，并没有改变前面的主要结论。（2）使用样本分组方法检验异质性。本章分别依据资本充足率（$Capital$）、规模（$\ln TA$）和多元化（$DIVER$）均值将样本分为高、低两组，进行回归分析，结果也不改变表5-3中交叉项回归的结论。由此说明，评估结果是有效的。

5.5　本章小结

本章首先利用1999—2009年中国50家商业银行数据，使用多种货币政策变量证实了银行风险效应在中国的存在及其动态性；进一步，本章对异质性问题进行了综合验证，发现面对货币政策冲击，资本充足率高、收入多元化的银行更重视信贷质量，但却表现出更高的风险偏好。从银行属性来看，相对于大中型商业银行，尽管城商行信贷质量较高，却在风险效应中表现的更为激进。从董事会特征来看，规模大、独立性强的董事会更偏好于风险行为，在"风险效应"中表现得更为激进。因此，对于金融安全风险（包括银行风险）应该实施差别化管理。

6　中国房地产金融风险分析

6.1　美国次贷危机回顾

（1）次贷危机的概念

美国次级贷款：又称为 CDO 债务抵押凭证（Collateralizad Debt Obligations），它还被戏称为"浓缩型资产毒垃圾"的制作游戏。由次级贷款引起的泡沫风险，就叫次贷危机。次级贷款游戏步骤如下。

第一步：贷款银行（如房利美、房地美、美国新世纪金融公司）发放无抵押零首付的救助贫困人群的住房贷款；

第二步：贷款银行低价卖给投行（如：雷曼兄弟、美林）；

第三步：投行将这种便宜的次级贷款和其他优质资产捆在一起（即打包）后申请评级；

第四步：评级机构（如：标准普尔、穆迪公司）为投行们交来的打包物品，装上精美的礼品盒，扎上金丝带，就可以被评级为 AAA 高级品 CDO 了；

第五步：投行们拿到评级机构包装好并打上标签（AAA 高级品 CDO）的礼盒，就可以在金融市场上卖个好价钱了，赚取暴利。

（2）美国 2008 年次贷危机过程

早在 2007 年 4 月，美国第二大次级房贷公司——新世纪金融公司的破产就暴露了次级抵押债券的风险；从 2007 年 8 月开始，美联储作出反应，向金融体系注入流动性以增加市场信心，美国股市也得以在高位维持，形势看来似乎不是很坏。然而，2008 年 8 月，美国房贷两大巨头——房利美和房地美股价暴跌，持有"两房"债券的金融机构大面积亏损。美国财政部和美联储被迫接管"两房",以表明政府应对危机的决心。

申请破产保护、美林"委身"美银、AIG 告急等一系列突如其来的"变故"使得世界各国都为美国金融危机而震惊。华尔街对金融衍生产品的"滥用"和对次贷危机的估计不足终酿苦果。

但接踵而来的是:总资产高达 1.5 万亿美元的世界两大顶级投行雷曼兄弟和美林相继爆出问题,前者被迫申请破产保护,后者被美国银行收购;总资产高达 1 万亿美元的全球最大保险商美国国际集团(AIG)也难以为继,美国政府在选择接管 AIG 以稳定市场的同时却对其他金融机构"爱莫能助"。

(3)美国次贷危机的成因分析

如果说上述种种现象只是矛盾的集中爆发,那么问题的根源则在于以下三个方面:

第一,美国政府不当的房地产金融政策为危机埋下了伏笔。居者有其屋曾是美国梦的一部分。在 20 世纪 30 年代的大萧条时期,美国内需萎靡不振,罗斯福新政的决策之一就是设立房利美,为国民提供住房融资,帮助民众购买房屋,刺激内需。1970 年,美国又设立了房地美,规模与房利美相当。"两房"虽是私人持股的企业,但却享有政府隐性担保的特权,因而其发行的债券与美国国债有同样的评级。从 20 世纪末期开始,在货币政策宽松、资产证券化和金融衍生产品创新速度加快的情况下,"两房"的隐性担保规模迅速膨胀,其直接持有和担保的按揭贷款和以按揭贷款作抵押的证券由 1990 年的 7400 亿美元爆炸式地增长到 2007 年年底的 4.9 万亿美元。在迅速发展业务的过程中,"两房"忽视了资产质量,这就成为次贷危机爆发的"温床"。

第二,金融衍生品的"滥用",拉长了金融交易链条,助长了投机。"两房"购买商业银行和房贷公司流动性差的贷款,通过资产证券化将其转换成债券在市场上发售,吸引投资银行等金融机构来购买,而投资银行利用"精湛"的金融工程技术,再将其进行分割、打包、组合并出售。在这个过程中,最初一元钱的贷款可以被放大为几元甚至十几元的金融衍生产品，从而加长了金融交易的链条，最终以至于没有人再去关心这些金融产品真正的基础价值，这就进一步助长了短期投机行为的发生。但投机只是表象，贪婪才是本质。以雷曼兄弟为例，它的研究能力与金融创新能力堪称世界一流，没有人比他们更懂风险的含义，然而自身却最终难逃轰然崩塌的厄运，其原因就在于雷曼兄弟管理层和员工持有公司大约 1/3 的股票，并且只知道疯狂地去投机赚钱，而较少地考虑其他股东的利益。

第三，美国货币政策推波助澜。为了应对 2000 年前后的网络泡沫破灭，2001 年 1 月至 2003 年 6 月，美联储连续 13 次下调联邦基金利率，该利率从 6.5% 降至 1% 的历史最低水平，而且在 1% 的水平停留了一年之久。低利率促使美国民众将储蓄拿去投资资产、银行过多发放贷款，这直接促成了美国房地产泡沫的持续膨胀。而且美联储的货币政策还"诱使"市场形成一种预期：只要市场低迷，政府一定会救市，因而整个华尔街弥漫着投机气息。然而，当货币政策连续收紧时，房地产泡沫开始破灭，低信用阶层的违约率首先上升，由此引发的违约狂潮开始席卷一切赚钱心切、雄心勃勃的金融机构。

所幸的是，由于我国参与全球化的步伐较为谨慎，因此较大程度地避免了美国金融危机的直接冲击；但不幸的是，我国也同样也存在若干美国金融危机爆发的"病因"，这值得我们去深刻反思。

6.2　中国房地产风险的估算

6.2.1　房地产风险的估算方法

房地产风险，可以用房价的"过快"上涨来体现。在社会发展变量中，城镇人口增长对住房需求的扩大作用得到了广泛的证实（沈悦等，2004；陈彦斌，邱哲圣，2011）。在衡量经济发展的一系列变量中，尽管收入、物价水平、土地价格、建筑成本、资金成本等都可能影响房价❶，但已有研究主要关注其中的某一方面，例如，王维（2009）认为房屋基础价格仅决定于收入因素。我们认为房屋造价❷是上述经济发展因素的综合反映，既体现了与房价相关的人、财、物及土地等各种价格变化，也符合通常意义上人们对于房价过快上涨的理解，因此适合作为经济发展的综合衡量指标。因此城镇人口增长率（POP）、房屋造价（ZJ）是本章的房屋正常价值决定变量。

房价上涨的区域差异会导致截面异质问题，因此必须慎重选择估计方法。通过滤波技术估计长期基础房价更适用于单一地区，不适用于面板数据。有些研究使用了混合面板模型，这类方法假设不同截面的解释变量与被解释变量间具有一致的回归系数，未能有效克服截面异质性。注意到这一问题，Egert 和 Mihaljek（2007）和 Holly 等人（2007）采用了 Pesaran 和 Smith（1995）提出的组间均值（mean-group）估计方法，这种方法假设各截面之间完全独立，通过对每一个时间序列分别回归从而获得各个截面的回归系数，表现不同地区房价过快上涨的差异性。但现实中，一国各地区房价的变动也会呈现出部分一致性，特别是在中国统一的宏观调控和利率管制的背景下，尽管各地区房价过快上涨在短期内不尽相同，但长期中共同的外部冲击（如统一的房地产调控政策）会使各地区房价表现出相近的调整趋势。因此，我们认为 Pesaran 等人（1999）提出的混合组间均值（pooled mean-group）方法更适合中国的情况：这种方法假设解释变量对被解释变量具有相同的长期影响，但不同截面的短期系数与误差调整项却不同，相当于将混合模型与组间均值模型结合，因此 PMG 方法更适于我国各地房价的短期异质但长期趋同的特征。Kholodilin 等人（2008）首次使用 PMG 方法研究了不同国家房价的基础决定因素，Koetter 和 Poghosyan（2010）进一步将这种方法用于房价对经济基本

---

❶ 由于我国房地产政策和制度的不完善，因此不考虑房屋保有成本等在国外文献中常见的经济发展类因素。

❷ 房屋造价变量的计算方法参考况伟大（2010a），表示为：房屋造价 =（单位面积土地购置费用 + 单位面积土地开发投资）/容积率 + 单位面积房屋竣工价值。

面偏离的度量。本章则通过将城镇人口增长与房屋造价作为解释变量，使用 PMG 方法计算房价过快上涨程度。基础模型如下：

$$HP_{jt} = \theta_0 + \theta_{jt}ZJ_{jt} + \theta_{2j}POP_{jt} + \mu_j + \lambda_{jt} \qquad 6-1$$

其中 j 和 t 分表代表地区和时间，HP 为各地房价的自然对数，ZJ 为各地房屋造价的自然对数，POP 为各地城镇人口增长率，μ_j 为地区固定效应。如果各变量为 I（1）即一阶单整，且变量之间存在协整关系，则对于所有截面，误差项 ε_j 均为 I（0）。此时，ε_j 就反映了房价对由造价和人口增长决定的基础价值的偏离。这样，式 6-1 的动态面板自回归分布滞后模型（$ARDL$（1，1，1））的长期形式可表示为：

$$HP_{jt} = \sigma_{10j}ZJ_{jt} + \sigma_{11j}ZJ_{jt-1} + \sigma_{20j}POP_{jt} + \sigma_{21j}POP_{jt-1} +$$
$$\lambda_j HP_{jt-1} + \mu_j + \lambda_{jt} \qquad 6-2$$

参考 Koetter 和 Poghosyan（2010），对于时间跨度较短的面板数据，可先验地将房价变量的滞后项设为一阶。这时，式 6-2 的误差改进形式可表示为：

$$\Delta HP_{jt} = \varphi_j(HP_{jt-1} - \theta_{0j} - \theta_{1j}POP_{jt-1} - \theta_{2j}ZJ_{jt-1}) +$$
$$\delta_{10j}\Delta POP_{jt} + \delta_{20j}\Delta ZJ_{jt} + \varepsilon_{jt} \qquad 6-3$$

其中，$\varphi_j = -(1-\lambda_j), \theta_{0j} = \dfrac{\mu_j}{1-\lambda_j}, \theta_{1j} = \dfrac{\delta_{10j} + \delta_{11j}}{1-\lambda_j}, \theta_{0j} = \dfrac{\delta_{20j} + \delta_{21j}}{1-\lambda_j}$。

这样，长期系数 θ_1、θ_2 以及常数项 θ_{0j} 在各个截面间是相同的，反映了各地区房价共同的长期调整趋势。而 δ_{10j} 与 δ_{20j} 为短期调整系数，系数 Φ_j 表示误差改进速度，这三个变量在各个截面间取值不同，控制房价偏离的短期区域异质性。当 Φ_j 为负时说明短期房价有向长期均衡价格调整的趋势，此时 PMG 方程中的误差改进项即为房价对其基础价值的偏离，即本章所定义的房价过快上涨。以 HPD 表示房价过快上涨，则有：

$$HPD_{jt-1} = HP_{jt-1} - \theta_{0j} - \theta_{1j}POP_{jt-1} - \theta_{2j}ZJ_{jt-1} \qquad 6-4$$

6.2.2　测算所使用的数据及测算结果

中国住房市场化改革始于 1998 年，1999 年市场价格才真正出现，因此本章的研究时间为 1999—2009 年，包括中国 31 个省级行政区域[1]。为对模型 6－3 进行估计，我们使用各省级行政区的房价（HP）、城镇人口增长率（POP）与房屋造价（ZJ）数据。为检验不同性质的房屋价格过快上涨的程度，我们还使用商品房价格的自然对数（HP1）、经适房价格的自然对数（HP2）以及商业用房价格的自然对数（HP3）三个变量。其中房价数据与房屋造价相关数据来自各年度《中国房地产统计年鉴》，人口数据来自各年度《中国统计年鉴》。

为避免伪回归，我们首先对各种回归变量进行单位根检验，注意到数据结构的"多截面、短时序"统计特征和前文的理论分析都暗示样本存在较强的截面异质性，因此我们使用 IPS（2003）、Fisher－ADF 和 Fisher－pp（1999）三种常见的异质面板单位根检验方法，表6－1 的结果显示变量均为一阶单整，即为 I（1）。表6－2 给出了式6－3 的回归结果，Hausman 检验证明了 PMG 方法的适用性。表中上部为长期估计系数，下部为各截面短期系数的均值。回归结果显示，长期中房屋造价、人口增长都会对房价有正向影响，房价的造价弹性系数约为 0.6。误差调整系数 Φ 显著为负，证明短期房价确实存在向长期均衡价格调整的趋势。从房价调整的周期来看，与 Holly 等人（2007）和 Koetter 和 Poghosyan（2010）得出的美国和德国房价调整速度不到 10%、半衰期约为 6.5 年的结论不同，我们发现中国房价调整的速度在年均 22%，半衰期约为 2.8 年，比西方国家更快，可能是由于较快的经济发展速度和所处城市化阶段不同导致的。

---

[1] 有部分研究偏向使用城市数据，本章选择省级数据主要基于以下考虑：一是在经济规模、人口总量等方面，北京、上海等直辖市与其他省级城市不具有可比性，而更接近于省级行政区；二是省级政府是相关调控政策的第一责任者，也更符合 PMG 模型中对共同长期趋势的假设；三是在我国的统计体系中，省级统计数据更加全面，连续性更好。

表 6 - 1 变量单位根检验

变量	水平值			一阶差分值		
	IPS	Fisher – ADP	Fisher – pp	IPS	Fisher – ADP	Fisher – pp
HP	- 1.62	4.89	2.98	- 2.35 ***	93.27 ***	254.26 ***
HP1	- 1.29	4.59	3.89	- 2.25 ***	91.52 ***	205.09 ***
HP2	—	10.61	20.66	—	132.82 ***	492.51 ***
HP3	—	25.01	23.29	—	187.16 ***	624.71
POP	- 1.71	77.26	101.48 ***	- 2.17 ***	461.14 ***	1237.88 ***
ZJ	- 1.72	7.38	16.39	- 2.58 ***	127.47 ***	300.53 ***

注：*、**、*** 分别表示在 10%、5%、1% 的水平上显著，下同不赘。由于 HP2、HP3 缺失部分数据，因此无法进行 IPS 检验。

表 6 - 2 PMG 回归结果

模型\n变量	1\nHP	2\nHP1	3\nHP2	4\nHP3
长期系数\nZJ	0.62 ***\n(24.93)	0.94 ***\n(23.43)	0.59 ***\n(25.06)	0.81 ***\n(19.38)
POP	4.32 ***\n(11.97)	2.24 ***\n(5.09)	0.71 ***\n(3.31)	1.23 ***\n(3.49)
短期系数\nΦ	- 0.22 ***\n(- 4.66)	- 0.17 ***\n(- 3.31)	- 0.51 ***\n(- 7.01)	- 0.61 ***\n(- 9.67)
σZJ	0.25 ***\n(4.07)	0.23 ***\n(4.73)	0.22 ***\n(2.73)	0.35 ***\n(2.27)
σPOP	- 0.23 **\n(- 2.27)	- 1.05 *\n(1.75)	- 1.32 ***\n(- 1.66)	4.55\n(0.94)
Cons	- 11.22 ***\n(- 3.35)	- 3.92 ***\n(- 3.49)	- 4.09 ***\n(- 6.71)	- 6.77 ***\n(- 8.69)
Hausman	0.60	0.51	0.15	0.24
Log – likehood	444.19	445.27	337.98	125.45
Obs	310	310	297	299
半衰期（年）	2.79	3.72	0.97	0.74

注：Hausman 报告 Hausman 检验结果的 P 值。

分类别的回归结果显示，变换不同属性的房价作为因变量不改变回归结果，验证了结论的稳健性。但误差调整系数 Φ 的大小表明，商品房价格调整的半衰期需要 3.7 年，而经适房、商用房的价格调整半衰期不到 1 年，说明尽管不同产权属性的房屋价格都存在过快上涨，但商品房是导致房价偏离其基础价值的主要因素。

由表 6 - 2 的回归结果，衡量房价过快上涨程度 *HPD* 变量可表示为：

$$HPD_{jt} = HP_{jt} + 11.22 - 0.62ZJ_{jt} - 4.32POP_{jt} \qquad 6-5$$

据此，图 6 - 1 和图 6 - 2 报告了分年度和分省份房价过快上涨均值。图 6 - 1 显示，自 1999 年开始房价过快上涨程度逐年增加，但在 2003 年之前比较缓和，2004 年之后增速加快。但地区之间具有差异：东部地区的房价过快上涨程度整体较高，但在 2003 年之前更为平和，2004—2008 年增长速度较快；中部地区增速相对平稳，增幅没有明显的变化，而西部地区存在小幅波动。而 2009 年出现的房市低迷仅导致了东部地区的过快上涨程度略有下降，中西部地区仍在增加。图 6 - 2 的分省房价过快上涨情况进一步验证了地区差异，广东、北京、上海等经济发达地区的房价过快上涨问题最为严重，而青海、西藏等地房价对其基础价值的偏离程度最小。

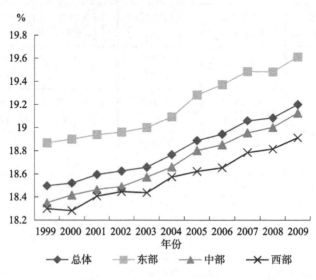

图 6 - 1　分年度房价过快上涨

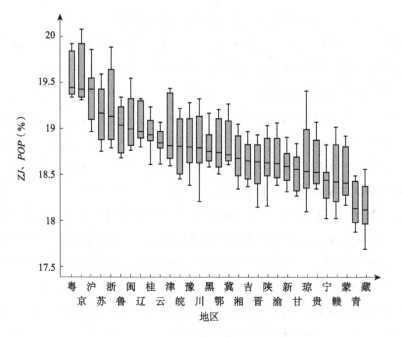

图6-2　分省年均房价过快上涨

6.3　房地产风险成因的实证检验

由于房屋特殊的资本品属性导致的房地产市场上的信息不对称、高交易成本容易被开发商和投机性购房者利用,通过囤地、囤房等手段获取高收益,导致了房价过快上涨乃至出现房地产风险;而房屋供给中的土地约束、建设时滞成为财力不足的地方政府实施"土地财政"的必要条件,地方政府在获取高额土地出让收益的同时在客观上加剧了房地产风险。

6.3.1　基本研究假设

为了使评估结果更严谨,我们在研究的时候作如下基本假设:

假设1a:囤地等投机行为导致了房价过快上涨;

假设1b:房地产开发信贷不是导致房价过快上涨的原因,自筹资金是导致房价过快上涨的原因。

房地产开发信贷是调控政策重点关注的对象之一，也有研究证实了信贷对房价上涨的显著影响（余义华，2010；梁云芳，高铁梅，2007）。但信贷与房价之间还存在反向因果关系，即房价上涨会提高房地产抵押价值和贷款收益（Niinimalci，2009），从而提高银行对房地产开发贷款的放贷意愿，这种房价上涨促进开发信贷的效应在Gerlach and Peng（2005）和黄静（2010）的研究中得到证实，因此银行信贷对房价的促进可能只是这种动态效应的一种静态表现。同时，开发贷款并不是房地产企业资金的主要来源，自2010年下半年以来，国家多次对房地产开发贷款加强调控，逐步通过严格审批、提高利率、规模限制直至出现"停贷"传闻，房地产开发贷款规模和比例已经大幅度下降，在此背景下开发商巨资拿地现象仍然频发，且伴随着2011年以来房地产企业大量发行票据、债券以及借助信托和资本市场筹集资金。因此，相对于开发信贷，自筹资金是支撑房地产企业通过投机行为推动房价过快上涨的主要原因。

假设2：由于投机性购房，家庭净收入与房价过快上涨正相关，房屋按揭贷款是导致房价过快上涨的原因。

由于较高的投资收益、较低的保有成本与投资渠道的匮乏，购房成为近年家庭投资的热点。城镇居民购房资金主要有家庭净收入与银行按揭贷款两大来源。对于家庭净收入，如果住房主要是一种消费品，由于存在边际消费倾向递减，随着家庭净收入增加住房需求应该降低，从而不会导致房价的过快上涨；反之，如果住房成为投资品，住房购买需求则随家庭净收入提高而增加。对于按揭贷款，尽管受到利率政策的影响而呈现一定的波动性，按揭购房占房屋交易的比例始终保持在60%左右，因此是重要的购房资金来源。张涛等（2006）、史永东和陈日清（2008）通过理论模型和经验证据验证了按揭贷款通过帮助消费者进入购房市场扩大了房屋需求，因此会导致房价上涨。作为商品属性的住房购买受制于消费者自身的财富水平，不会导致房价的过快上涨，但如果投机性预期与按揭贷款相结合时，按揭贷款对房地产需求的扩大作用则会被无限放大（易宪容，2009），袁志刚和樊萧燕（2003）的理论模型也对高按揭贷款导致房地产价格泡沫进行了验证，因此按揭贷款可能是房价过快上涨的原因。

假设3：地方政府的土地财政是导致房价过快上涨的原因。

假设4：扩大经适房供给能够抑制房价过快上涨。

地方政府的利益驱动是房价上涨的另一大动力（陈超等，2011）。为应对分税制改革以来的地方发展资金不足，地方政府凭借同时掌握的土地管理权和经营权，普遍通过土地出让金及相关税费收入弥补财政缺口。近年来土地出让金占地方预算内收入的比重已达50%左右，少数地方甚至超过预算内收入，这导致地方政府被房地产商"俘获"（杨帆，卢周来，2010），进而默许甚至鼓励地价上涨，导致"地王"频现，加剧了市场对房价上涨的预期，推动了房价过快上涨。

高涨的房价加重了居民的生活负担，中国社会科学院2010年发布的《经济蓝皮书》中的调查数据显示，中国85%的家庭无力购房。为增加供给，2016年国务院颁发通知，提出要因地因城施策，实现房地产市场平稳发展❶。在目前住房供给不足的情况下，保障性住房通过以较低的价格吸收居民的住房需求，能够起到抑制房价过快上涨的作用，因此也成为政府从根本上解决房价过快上涨的重要措施。

6.3.2　模型构建

我们的模型回归面临两方面障碍：一是变量之间可能存在反向因果关系（reversed causality，如经济增长可能导致房价过快上涨，但房价的过快上涨又推高了GDP），这会带来模型的内生性问题；二是由于各地区经济社会发展不平衡带来的房价过快上涨中不可观测的异质性。此时普通最小二乘估计方法不再适用，面板数据的固定效应模型可以控制地区层面不可观测的特征，以此来控制影响各地区房价的异质效应。但对房价上涨的预期是导致房地产市场中的各类投机因素推动房价过快上涨的重要原因，表现为房价过快上涨的动态特征，即当期的房价会受到前期的影响。当被解释变量存在跨期动态关系时，Wintoki等（2010）证明固定效应估计得出的值将是有偏的，并提出

---

❶　详见：国务院《关于促进房地产市场平稳健康发展的通知》（2016）。

当理论暗示存在不可观测的异质效应和动态过程的情况下，使用 GMM 估计方法能够获得一致无偏的估计结果。

Arellano 和 Bond（1999）提出一阶差分 GMM 估计方法，通过使用一阶差分方程消除不可观察的异质性带来的潜在估计偏误，并使用解释变量的滞后项作为当期变量的工具变量，克服动态内生性带来的问题。但 Arellano 和 Bover（1995）、Blundell 和 Bond（1999）指出，水平滞后项是差分方程中内生变量的弱工具变量，并提出了在差分 GMM 的基础上加入差分变量的滞后项同时作为水平项的工具变量，即系统 GMM 估计。一阶差分试算显示回归模型在 15% 的水平上存在弱工具变量问题，因此我们选择两阶段系统 GMM 方法，使用如下模型来验证上文的假设：

$$HPD_{jt} = \alpha_1 + K_j HPD_{jt-1} + \alpha_2 X_{jt} + \alpha_3 X_{jt-1} + \gamma Control_{it} + \eta_t + \varepsilon_{it}$$

$$6-6$$

其中，HPD 为房价偏离变量，X 为各种解释变量，考虑我们的解释变量可能受到前期扰动项的影响（如：前期调控政策对开发信贷、土地供给等变量的影响），回归中设定为前定变量（$predetermined$）。$Control$ 为控制变量。

6.3.3　数据和变量

本章的被解释变量为房价过度上涨变量，即据前文的回归结果计算得到的 HPDjt，涉及的解释变量指标主要包括开发商、购房者与地方政府三大类。主要变量的描述性统计详见表 6-3，对这些变量的详细说明如下。

表 6-3　主要变量描述性统计

变量	单位	数据时间	平均值	标准差	最小值	最大值
房价过快上涨		99-09	18.80	0.42	17.69	20.06
开发贷款	万元	99-09	1406647	2347986	1200.04	23700000
自筹资金	万元	99-09	5582509	7622178	6178.989	51800000
家庭净收入	元	99-09	2501.62	1501.47	451.74	8845.19
个人贷款	万元	03-09	912.37	1259.79	12.6	9154.70

变量	单位	数据时间	平均值	标准差	最小值	最大值
土地财政		99－09	0.31	0.27	0.04	1.70
经适房供给	万平方米	99－09	116.67	77.11	0.19	340.78
土地闲置	万平方米	99－09	911.87	1194.48	0.09	6606.11

（1）开发商、购房者指标：我们使用土地闲置面积衡量囤地行为。对于资金类因素，我们使用各地区房地产开发信贷总量衡量房地产开发贷款，自筹类资金的衡量变量为房地产企业的自筹资金与其他资金总和。对于家庭净收入，我们使用城镇居民家庭可支配收入减去消费性支出表示居民家庭净收入。限于数据的可得性，个人按揭贷款相关数据难以连续获取，但我们从部分公布该数据的统计年鉴中发现❶，个人按揭贷款占个人消费贷款总额的比重普遍在90%以上，因此我们使用个人消费贷款总额表示各地区个人按揭贷款发放情况。

（2）地方政府类指标：由于无法获得各地土地出让金收益，我们使用各省份房地产业年度土地购置费用总额与预算内财政收入之比度量地方政府的土地财政现象。对于经适房，使用各地年度经适房销售总面积表示当年的经济房供给。

（3）控制变量。杨帆和卢周来（2010）指出由于存在比较明显的"政府俘获"，地方政府有帮助房地产企业融资的倾向，因此我们使用樊纲和王小鲁（2010）《中国市场化进程指数报告》中的"信贷资金分配市场化指数"控制这一影响。此外还包括各地区人均实际GDP控制经济发展。利率反映了资金价格，由于房地产开发贷款的期限一般不超过三年，我们使用三年期贷款基准利率表示❷。

本章的样本期间为1999—2009年，涵盖我国31个省级行政区。其中，房价、囤地、房地产开发资金、土地供给和经适房供给等数据来自历年《中国房地产统计年鉴》，个人消费贷款数据来自历年《中

---

❶ 这些地区包括上海、天津、重庆、河南和湖南，数据期间为2006—2009年，详见各省份相应年度统计年鉴金融业部分。

❷ 对利率调整年份，我们通过天数加权计算年度均值。

国区域金融运行报告》，利率数据来自历年《中国金融年鉴》，居民收入与人均实际 GDP 数据来自历年《中国统计年鉴》。由于部分年度数据缺失形成非平衡面板数据。

6.3.4 实证研究结果

表 6-4 报告了对资产信贷类变量的回归结果，模型 1 和模型 2 检验了房地产商的投机行为和资金来源对房价过快上涨的影响，模型 3 和模型 4 检验了居民家庭收入、按揭贷款与房价过快上涨的关系，模型 5 检验了地方政府在房价过快上涨中的作用，模型 6 综合检验了三类因素。各模型均能较好地通过 Arellano – Bond 检验和 Sargan 检验，证明了工具变量选择的合理性和动态 GMM 方法的适用性。各回归模型中，因变量 HPD 的滞后项系数显著为正[1]，说明在"买涨不买跌"的心理作用下，预期越高，投机越盛，验证了预期在推动房价过快上涨中的重要作用。

表 6 – 4 房价过快上涨的成因（基准回归）

变量名	模型 1	模型 2	模型 3	模型 4	模型 5	模型 6
房价过快上涨$_{t-1}$	0.47 *** (7.59)	0.46 *** (8.87)	0.33 *** (6.42)	0.38 *** (7.53)	0.38 *** (6.52)	0.29 ** (2.47)
Log（土地闲置）	0.04 *** (4.98)	0.11 ** (2.17)				0.12 * (1.73)
Log（开发贷款）	0.01 (0.55)		0.02 (0.76)	– 0.02 (– 0.93)		0.07 (0.42)
Log（自筹资金）	0.11 *** (3.52)	0.08 ** (2.67)	0.17 *** (4.56)	0.14 *** (3.34)	0.16 *** (6.80)	0.15 *** (2.60)
Log（自筹资金$_{t-1}$）	– 0.06 *** (– 2.63)		– 0.10 *** (– 4.53)	– 0.16 *** (– 4.51)	– 0.02 * (– 1.72)	– 0.10 *** (– 2.73)
Log（闲置）＊Log（自筹）		0.01 ** (2.11)				0.09 (1.32)

---

[1] 在进行回归前，我们参照 Wintoki 等人（2010）的方法试算，结果显示因变量滞后 1 期即可确保动态影响的完整性。

变量名	模型 1	模型 2	模型 3	模型 4	模型 5	模型 6
Log（按揭贷款）			0.05 ** (2.31)	0.26 ** (2.30)		0.25 * (1.75)
Log（家庭净收入）			0.05 ** (1.99)	0.27 (1.42)		0.30 ** (2.41)
Log（按揭）∗ *Log*（净收入）				0.03 *** (3.20)		0.04 ** (2.38)
信贷资金分配市场化		− 0.29 *** (− 3.97)				− 0.07 ** (− 2.21)
3 年期贷款利率	0.01 (0.04)	− 0.03 (− 0.45)	0.01 (1.18)	0.15 (1.24)	− 0.01 (− 0.35)	0.22 (0.99)
土地财政					0.06 *** (4.13)	0.04 * (1.67)
Log（经适房供给面积）					− 0.05 ** (− 8.86)	− 0.07 *** (− 3.07)
Log（GDP）	0.34 (1.49)	0.22 * (1.88)	0.65 *** (3.13)	0.11 (0.65)	0.16 ** (2.14)	0.25 ** (2.58)
常数项	7.51 *** (9.73)	8.29 *** (8.72)	9.51 *** (11.43)	10.12 *** (10.98)	9.08 *** (10.62)	12.07 *** (5.76)
AR（1）	0.0080	0.0074	0.0027	0.0101	0.0039	0.0091
AR（2）	0.9194	0.7886	0.8923	0.4892	0.2131	0.2537
Sargan	0.7641	1.0000	1.0000	1.0000	1.0000	1.0000
N	310	253	186	186	300	210

注：括号中为 *Z* 值。*AR*（1）、*AR*（2）为 Arellano - Bond 检验结果 *P* 值，分别检验是否存在一阶和二阶自相关；Sargan 报告 Sargan 检验结果 *P* 值，验证工具变量的合理性。限于篇幅，对前定变量滞后一期与当期的回归系数在方向与显著程度上无差异的，仅报告当期回归系数。下同不赘。

（1）开发商的投机行为推动房价过快上涨

模型 1、模型 2 和模型 6 的回归结果显示，囤地对房价过快上涨具有显著影响，证实了假设 1a。如图 6 - 3 所示，伴随着房价的过快上涨，开发商手中累积的土地总量整体上呈上升趋势，但土地开发的规模远远落后于土地持有量。样本期间，全国土地开发总面积仅占开发商土地购置总量的 35% 左右，2004 年之后还出现了下滑，囤地现象更加严重。开发商的囤地行为激化了房地产市场的供需矛盾，是推动房价过快上涨的重要原因。

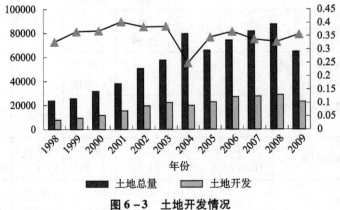

图 6 - 3　土地开发情况

数据来源：《中国统计年鉴 2010》。

注：横轴表示年份，纵轴表示土地面积。土地总量为当年开发商土地购置面积与待开发土地面积之和。

表 6 - 5 反映了 2015 年我国房地产开发与销售情况。说明个人按揭贷款增加（21%）是导致房地产上涨的另外一个重要因素。

表 6 - 5　2015 年全国房地产开发和销售情况

指　标	绝对量	比上年增长（%）
房地产开发投资（亿元）	95979	1.0
其中：住宅	64595	0.4
办公楼	6210	10.1
商业营业用房	14607	1.8
房屋施工面积（万平方米）	735693	1.3
其中：住宅	511570	- 0.7
办公楼	33044	10.4
商业营业用房	100111	6.1
房屋新开工面积（万平方米）	154454	- 14.0
其中：住宅	106651	- 14.6
办公楼	6569	- 10.6
商业营业用房	22530	- 10.1

指　标	绝对量	比上年增长（％）
房屋竣工面积（万平方米）	100039	−6.9
其中：住宅	73777	−8.8
办公楼	3419	8.8
商业营业用房	12027	−0.5
土地购置面积（万平方米）	22811	−31.7
土地成交价款（亿元）	7622	−23.9
商品房销售面积（万平方米）	128495	6.5
其中：住宅	112406	6.9
办公楼	2912	16.2
商业营业用房	9252	1.9
商品房销售额（亿元）	87281	14.4
其中：住宅	72753	16.6
办公楼	3761	26.9
商业营业用房	8846	−0.7
商品房待售面积（万平方米）	71853	15.6
其中：住宅	45248	11.2
办公楼	3276	24.7
商业营业用房	14664	24.6
房地产开发企业到位资金（亿元）	125203	2.6
其中：国内贷款	20214	−4.8
利用外资	297	−53.6
自筹资金	49038	−2.7
其他资金	55655	12.0
其中：定金及预收款	32520	7.5
个人按揭贷款	16662	21.9

资料来源：国家统计局资料，2016 年。

（2）投机性购房拉动房价过快上涨

模型 3、模型 4 和模型 6 的回归结果显示，居民家庭净收入和住房按揭贷款对房价过快上涨具有重要的拉动作用，验证了假设 2。居民家庭净收入与房价过快上涨正相关，反映了购房需求随家庭净收入的提高而增加，违背了正常商品的边际消费倾向递减规律，验证了买房已成为当前重要的投资渠道，这与陈彦斌和邱哲圣（2011）发现的房屋投资品属性是一致的。住房按揭贷款通过扩大购房需求导致房价上涨，但按揭贷款既可能用于满足合理的消费性购房需求，也可能与投机性购房相结合❶，而后者才是导致房价过快上涨的原因。因此，我们在模型4和模型6中加入了个人贷款与家庭净收入变量的交叉项来检验这种效应，交叉项的回归系数显著为正，验证了在银行信用扩张过度和住房投机盛行的背景下，按揭贷款与投机性购房需求相结合推高房价过度上涨程度。

更为重要是，按揭贷款也是目前房地产开发企业重要的资金来源。在现行的住房预售制度下，部分房地产开发企业首先通过各种方式（甚至是高利贷）募集资金，办理房屋预售所需要的各种手续，然后通过预售将个人购房按揭贷款转入开发商手中，这大大降低了房地产企业的资金成本，缓解了房地产商的融资压力，为其后续的虚假紧缺、浮夸囤积以及圈地、囤地等投机行为提供了资金支持，因此成为了房价过快上涨的制度性原因。

（3）地方政府的利益驱动是房价过快上涨重要原因

模型5和模型6报告了地方政府类变量的回归结果，显示了地方政府在房价上涨中起到了重要作用。土地出让金收入占地方财政收入的比例越高，房价过快上涨越严重。土地出让金日益成为地方财政收入的重要来源，图6-4报告了1999—2010年土地成交价款与地方政府财政收入的关系，1999年土地出让金占地方政府收入的10%左右，2003年已达到50%，之后经历了2005年和2008年的小幅下降，到2010年达到了70%以上。在这种背景下，地方政府容易被房地产企业"俘获"，对地价、房价的过快上涨采取默许甚至支持的态度，验证了假设3。提高保障性住房供给能够有效抑制房价的过快上涨，假设4得到了支持，这与李勇和王有贵得到的结论是类似的。但地方政

---

❶　据报道，2004年上海就有人向银行贷款7000多万元，购买128套住房（详见《北京青年报》2004年6月25日）。

府对保障性住房建设的积极性始终不高。图6-5显示，样本期间

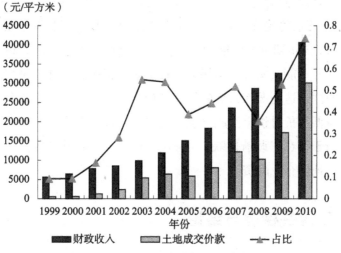

（元/平方米）

图中图例：■ 财政收入　□ 土地成交价款　▲ 占比

图6-4　土地成交价款与地方财政收入

注：横轴表示年份，纵轴表示每平方米房子均价，以元表示。

数据来源：全国土地成交价格数据来自各年份《中国国土资源统计年鉴》和《国土资源统计公报》。地方财政收入数据来自各年份《中国统计年鉴》。

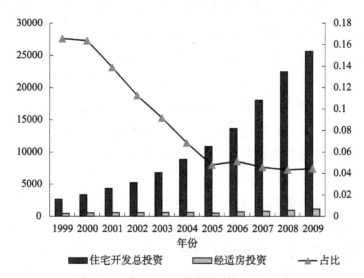

图中图例：■ 住宅开发总投资　□ 经适房投资　▲ 占比

图6-5　我国住宅开发投资与经适房投资

注：横轴表示年份，纵轴表示价格。

数据来源：《中国统计年鉴1999—2010》。

全国住宅开发总投资逐年提高，但其中经适房投资却始终维持在较低的水平，且经适房投资占住宅总投资的比例从 1999 年开始逐年下降，到 2005 年之后稳定在 5% 左右，保障性住房建设投资长期不足。对于控制变量，3 年期贷款基准利率与房价的过快上涨不相关，说明由于管制利率并不能真实反映市场上的资金供需情况，因此不是房价过快上涨的原因，这与况伟大等的研究结论是一致的。信贷资金分配市场化程度越低房价过快上涨越严重，证明了杨帆和卢周来（2010）的分析，即由于存在"政府俘获"，地方政府倾向于通过干扰信贷资金分配帮助房地产企业融资。

6.4　稳健性检验与结论

6.4.1　稳健性检验

在进行稳健性检验的时候，需要做如下处理。

（1）将部分解释变量分别利用其他变量进行衡量，重新进行估计。除囤地之外，开发商的捂盘惜售也是常见的投机行为，且被列为调控政策的重点打击对象，因此我们尝试用房屋空置面积替换土地闲置面积衡量开发商的投机行为。对开发商资金变量，使用房地产开发信贷、企业自筹资金占总投资的比例替代资金规模。对于地方政府，由于资源的稀缺性和需求刚性，土地需求缺乏弹性，地方政府限制土地供给可以抬高地价获取高收益，因此使用土地供给（以年度土地成交面积衡量）表示地方政府的利益驱动，同时使用经济房存量（已上市销售的经适房面积之和）替代当年经适房供给。此外，考虑到我国的利率双轨制特征，将名义贷款利率变量替换为市场化程度较高的全国银行间市场同业拆借 30 天平均利率。如表 6-6 所示，模型 1~3 分别报告了仅更换其中一类解释变量的回归结果，模型 4 报告了全部使用替换变量的回归结果，更换解释变量总体上不改变基准模型的结论。

表6-6 房价过快上涨的成因（替换解释变量）

变量名	模型1	变量名	模型2	变量名	模型3	变量名	模型4
房价过快上涨$_{t-1}$	0.22 *** (3.06)	房价过快上涨$_{t-1}$	0.45 *** (4.94)	房价过快上涨$_{t-1}$	0.061 *** (7.72)	房价过快上涨$_{t-1}$	0.49 *** (7.26)
Log（房屋空置）	0.08 * (1.94)	Log（土地闲置）	0.08 (1.55)	Log（土地闲置）	0.11 (1.48)	Log（房屋空置）	-0.17 (1.54)
开发贷款占比	-1.29 ** (2.05)	Log（开发贷款）	-0.07 (-0.02)	Log（开发贷款）	-0.07 (-0.23)	开发贷款占比	-0.12 *** (-3.21)
自筹资金占比	0.81 *** (3.57)	Log（自筹资金）	0.19 *** (3.01)	Log（自筹资金）	0.22 ** (2.58)	自筹资金占比	0.26 *** (12.30)
Log（空置）*自筹占比	0.02 ** (2.55)	Log（空置）*Log（自筹）	0.04 ** (2.01)	Log（空置）*Log（自筹）	0.08 * (1.79)	Log（空置）*自筹占比	0.02 *** (6.98)
Log（家庭净收入）	1.04 (1.33)	Log（家庭净收入）	0.03 * (1.81)	Log（家庭净收入）	0.11 ** (2.34)	Log（家庭净收入）	0.12 *** (2.85)
3年期贷款利率		3年期贷款利率	-0.02 (-0.72)	银行间30天利率	-0.02 ** (-2.28)	银行间30天利率	-0.01 *** (-2.83)
土地财政	0.08 ** (2.38)	Log（土地供给）	-0.11 *** (-7.62)	Log（土地供给）	0.02 (1.58)	Log（土地供给）	-0.03 ** (-2.35)
Log（经适房供给）	-0.02 * (1.86)	Log（经适房供给）	0.15 ** (2.28)	Log（经适房存量）	-0.04 * (-1.72)	Log（经适房存量）	-0.57 ** (-2.48)
Log（GDP）	0.59 *** (3.10)	Log（GDP）	0.13 *** (1.42)	Log（GDP）	0.05 (0.49)	Log（GDP）	0.26 (0.82)
常数项	9.02 *** (3.38)	常数项	8.47 *** (6.06)	常数项	6.29 *** (4.52)	常数项	19.56 *** (5.45)
AR（1）	0.0642	AR（1）	0.0013	AR（1）	0.0107	AR（1）	0.0977
AR（2）	0.2338	AR（2）	0.3575	AR（2）	0.4676	AR（2）	0.5658
Sargan	1.0000	Sargan	1.0000	Sargan	1.0000	Sargan	1.0000
N	148	N	299	N	300	N	149

　　与基准回归的结论相似，捂盘惜售作为开发商投机行为的另一表现，同样是房价过快上涨的原因。自筹类资金占比越高房价过快上涨程度越高，且自筹类资金也是捂盘惜售行为的支撑。开发信贷比例与房价过快上涨负相关，证明了面临房地产信贷高压调控，主要依赖信

贷资金的开发商无法持续投机行为，抑制了房价过快上涨。

土地供给对房价过快上涨有显著推动作用。如图6－6所示，尽管居民住房需求不断增加，2003年以来我国土地供给总面积维持在3.5亿平方米左右，部分年份还略有下降，与此对应的却是土地价格的直线上涨。地方政府限制土地供给在提高了地方政府财政收入的同时，也从成本上和心理预期上推动着房价的过快上涨。

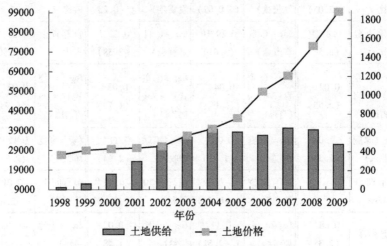

图6－6　土地供给与平均土地价格

注：横轴表示年份，纵轴表示价格。

数据来源：《中国统计年鉴2010》。

另一个值得注意的问题是，模型3和模型4的回归结果表明，尽管基准回归说明新增经适房供给能够显著降低房价的过快上涨，但经适房存量却与房价过快上涨负相关，产权可能是主要原因：在目前的体制下经适房的购买人可以获得房屋产权，并且在持有满5年后即可通过"经转商"参与市场交易，因此经适房的存量增加反而推动了房价的过快上涨。

（2）分地区、时间的子样本回归。人们直观上普遍认为我国东部沿海地区面临的房价上涨压力更大，且全国性房价上涨主要出现在21世纪之后。对照图6－1和图6－2我们也发现，东部省份的房价过快上涨明显高于平均水平，而中西部地区差异不大，且都在平均水平以下。同时，房价过快上涨程度在2003年之前较为缓和，从2004年开始表现的较为猛烈。因此我们将研究样本划分为东部地区和中西部地区、1999—2003 年和 2004—2009 年两对子样本，重新进行上一部分的回归。如表 6 - 7 所示，回归结果与上一部分的结论总体上没有显著差异。

表 6 - 7　房价过快上涨的成因（分地区、时间）

变量名	东部 GMM	东部 FE	中西 GMM	中西 FE	99 - 03 GMM	04 - 09 GMM
房价过快上涨$_{t-1}$	0.48 *** (4.35)		0.38 *** (2.57)		0.30 *** (3.95)	0.43 *** (6.29)
Log（土地闲置）		0.11 *** (3.17)		0.04 (1.54)	0.11 *** (4.62)	0.06 *** (2.63)
Log（闲置）* log（自筹）	0.02 * (1.82)		0.07 ** (1.98)		0.09 *** (4.62)	0.03 *** (2.79)
Log（开发贷款）		0.02 (0.29)		0.03 (1.16)	0.04 ** (2.14)	0.14 (1.40)
Log（自筹资金）		0.14 * (1.76)		0.03 * (1.72)	0.07 *** (3.02)	0.19 *** (5.32)
Log（按揭贷款）		0.07 ** (2.16)		0.12 *** (4.28)		0.03 ** (2.26)
Log（按揭）* log（净收入）	0.01 ** (2.10)		0.01 *** (6.60)			0.07 *** (2.60)
Log（家庭净收入）		0.23 * (1.70)		0.19 *** (3.31)	- 0.57 (- 1.22)	0.09 ** (1.93)
3 年期贷款利率	- 0.03 (- 1.28)	0.06 (1.33)	- 0.01 ** (- 2.41)	0.02 (1.44)	0.05 (1.26)	- 0.08 (- 1.39)
Log（土地财政）	0.11 * (1.84)	0.13 *** (2.78)	0.19 *** (2.93)	0.14 * (1.83)	- 0.15 (- 1.10)	0.14 *** (6.08)
Log（经适房供给）		- 0.09 *** (- 2.97)		- 0.06 *** (4.15)	- 0.07 *** (- 4.32)	- 0.03 ** (- 2.04)
Log（GDP）	0.27 (0.41)	0.03 (0.05)	0.32 ** (2.75)	0.92 *** (4.13)	0.23 *** (2.87)	0.33 ** (2.15)
常数项	8.33 *** (2.94)	15.17 *** (16.45)	9.81 *** (4.20)	15.02 *** (6.96)	10.81 *** (8.79)	9.78 *** (6.00)
AR（1）	0.0733		0.0141		0.0369	0.0530
AR（2）	0.7118		0.598		0.6376	0.3252
Sargan/Hausman	1.0000	22.65 ***	1.0000	213.68 ***	1.0000	1.0000
N	70	64	147	146	124	155

值得注意的是，回归系数的大小说明，在东部地区和2004—2009年的子样本回归中被解释变量的动态影响更显著，即预期对房价过度上涨的影响更为明显。解释变量中，房地产商的囤地行为仅在东部地区对房价过快上涨具有显著的影响。而从资金变量来看，2004年之前房地产开发贷款对房价过快上涨有显著影响，但从2004年之后不再明显，证明了严控开发信贷调控政策的作用。对购房者，无论在东部还是中西部地区，家庭净收入和按揭贷款都是导致房价过快上涨的原因，但家庭净收入变量的回归系数显示，住房的投资品属性自2004年之后才开始显现。各地区地方政府的土地财政行为都是房价过快上涨的原因，但这种影响同样自2004年之前才开始显著，这与图6-4中土地出让金收益占地方财政收入比例自2004年之后大幅上升具有一致性。

（3）根据表6-2的回归结果，住宅价格在各类房屋价格中对基础价值的偏离程度最高，因此我们使用住宅价格对其基础价值的偏离作为因变量，重新进行表6-4的回归，结果基本不改变我们的结论。

6.4.2　结论

近年来，房价的快速上涨带来了一系列社会性问题，因此引起了各方面的关注。为此，中央政府出台了一系列房地产调控措施，但考虑到房屋兼有商品和资本品双重属性，房价的上涨既有来自房屋商品属性的正常需求因素，也包含来自资本品属性的非理性投机因素，因此相关文件中始终谨慎地强调对于"房价过快上涨""房价上涨中的不合理因素"的调控。由于对此缺乏深刻的理解，已有研究尚未对房价上涨性质进行区分，由此得到的结论难以科学地支持调控政策。本章在明确界定房价正常上涨和过快上涨概念的基础上，通过测度房价对其正常价格的偏离程度衡量房价的过快上涨，并检验了开发商、购房者与地方政府三类投机主体对房价过快上涨的影响，得到以下结论。

首先，本章验证了房价过快上涨的存在。具体来看，样本期间我国房价的过快上涨程度逐年上升且具有区域差异，东部省份的偏离程度整体上高于中西部省份。

其次，开发商的投机行为和资金支持对房价过快上涨有显著的影响。

再次，居民的购房需求不存在边际消费倾向递减，说明房屋在很大程度上成为了投机品。

最后，地方政府的利益驱动是导致房价过快上涨的另一重要原因。

进一步的分析显示，三类投机因素对房地产风险的影响存在区域、时间差异，相对于中西部地区，东部地区的房价上涨预期更高，投机旺盛，同时各类投机因素对房价过快上涨的影响在 2004 年之后更加显著。

6.5 房地产风险对金融安全的驱动因素分析

下面进一步分析房地产风险对金融安全的驱动因素。由于银行的房地产相关业务量大，房价的稳定与合理性对金融安全有着至关重要的作用。据中国银监会披露，截至 2013 年 9 月 30 日，全国 20 家主要银行金融机构房地产贷款以及以房地产为抵押的贷款总额达 20.9 万亿，占各项贷款余额的 37.9%。此外还有与银行相关的数十万亿元（2012 年达 24.7 万亿元，据《大众证券报》）的理财产品和近 30 亿元的各种政府债务（来自 2013 年国家审计署审计报告，其中银行贷款相关的约 10 万亿元）。

6.5.1 开发商因素对金融安全的影响

开发商的投机行为和自筹资金是房地产风险的重要原因。其实囤地也好、捂盘也好，其背后都是资金的较量。也就是资金的占有量。开发商对金融安全的影响主要取决于两方面因素。首先从资金的需求方面看，房地产行业较高的资金成本能否被高房价所维持，否则会出现资金链断裂或不能按期支付的情况。其次是从资金的供给方面看，一是政策约束，也是硬约束，如果有政策要求，金融机构就会减少贷款或停止贷款，这对房地产行业的打击有时是致命的；二是对土地和房屋的估值是银行信用和抵押放款的前提，直接影响贷款数量，这也取决于房价的多少。如果房价回落或大幅度回落，影响原来的估值，使银行的信用保障悬空，可能形成不良贷款。大量的实践表明，由于房地产开发贷款和自筹资金价格贵，其资金链条有极度的脆弱性，一旦有风吹草动，就会导致其资金链断裂，造成企业倒闭，影响金融安全。

6.5.2　居民需求因素对金融安全的影响

居民的购房需求不存在边际消费倾向递减，说明房屋在很大程度上成为了投机品。但是这只是对 10 年房地产企业运行的检测结果，尽管目前有不少专家都宣称中国的房地产价格还能增长 10 年。其实未来 10 年中关于中国房地产价格会发生什么并不重要，关键是在政府采取城镇化建设、保障房建设，以及户籍制度、生育制度、税收政策等综合作用下，还有通货膨胀和汇率机制等金融大环境的作用下，一旦房屋价格由资本品属性向商品属性回归，就会发生供需逆转，即潜在的供给增加，需求减少，甚至会出现房屋价值低于贷款额的情况，使亚洲金融危机时香港房地产发生的业主弃房现象再度出现。届时，目前金融机构的十多万亿的个人房地产按揭贷款将成为银行的负担，进而引发金融安全问题。

鉴于以上情况，金融机构要加强房地产风险的检测和计量，及时做好预案处置和管控。同时，作为房地产市场的主要参与者之一，金融机构要积极配合国家有关部门执行好国家宏观调控政策，使房地产市场保持健康平稳的增长，维持房价正常的增长空间，不使其出现过快增长。

6.5.3　地方政府因素对金融安全的影响

地方政府行为也是导致金融安全风险的重要因素。审计报告显示，截至 2013 年 6 月底，全国各级政府负有偿还责任的债务 206 988.65 亿元，负有担保责任的债务 29 256.49 亿元，可能承担一定救助责任的债务 66 504.56 亿元（见表 6-8）。地方政府的土地储备和销售作为房地产开发企业的上游产品，对房价的作用是正向的。对于金融安全的影响主要体现在以下两个方面。

表 6-8　全国政府性债务规模情况　　　　　　　　单位：亿元

年度	政府层级	政府负有偿还责任的债务（政府债务，下同）	政府或有债务	
			政府负有担保责任的债务	政府可能承担一定救助责任的债务
2012 年 12 月底	中央	94376.72	2835.71	21621.16
	地方	96281.87	24871.29	37705.16
	合计	190658.59	27707.00	59326.32
2013 年 6 月底	中央	98129.48	2600.72	23110.84
	地方	108859.17	26655.77	43393.72
	合计	206988.65	29256.49	66504.56

资料来源：国家审计署全国政府性债务审计结果。

一是从地方政府筹集债务资金来源结构来看（见表 6-9），截至 2013 年 6 月地方政府债务 178 908.66 亿元。其中，银行贷款 101 187.39 亿元，约占 56.55%；债市融资 18 456 亿元，约占 10.32%；信托融资等为 19 933 亿元，约占 11.14%，其他占 21.98%。巨额的负债在主要靠"土地财政"支撑的情况下，如果出现土地出售困难或出售情况不理想，就会引发银行、债市、信托等金融机构的流动性紧张，影响金融安全。同时还会引发财政支付困难，存在着更大范围的影响。当然，政府有关部门已看到了这一点并采取了包括融资规模控制和加强风险防范等系列管控措施。

表 6-9　2013 年 6 月底地方政府性债务资金来源情况　　　　单位：亿元

债权人类别	政府负有偿还责任的债务	政府或有债务	
		政府负有担保责任的债务	政府可能承担一定救助责任的债务
银行贷款	55252.45	19085.18	26849.76
BT	12146.30	465.05	2152.16
发行债券	11658.67	1673.58	5124.66

债权人类别	政府负有偿还责任的债务	政府或有债务	
		政府负有担保责任的债务	政府可能承担一定救助责任的债务
其中：地方政府债券	6146.28	489.74	0.00
企业债券	4590.09	808.62	3428.66
中期票据	575.44	344.82	1019.88
短期融资券	123.53	9.13	222.64
应付未付款项	7781.90	90.98	701.89
信托融资	7620.33	2527.33	4104.67
其他单位和个人借款	6679.41	552.79	1159.39
垫资施工、延期付款	3269.21	12.71	476.67
证券、保险业和其他金融机构融资	2000.29	309.93	1055.91
国债、外债等财政转贷	1326.21	1707.52	0.00
融资租赁	751.17	193.05	1374.72
集资	373.23	37.65	393.89
合计	108859.17	26655.77	43393.72

资料来源：国家审计署全国政府性债务审计结果。

二是土地储备资金主要来源于金融机构，根据国家审计署审计报告，截至2013年6月，全国用于土地储备的资金有1.7万亿元来源于金融机构，如果土地不能及时出让则会形成金融机构资金回流困难的情况。

此外，还有其他驱动因素也会诱发金融安全风险，例如，房地产中介的虚假广告，国外流动资金的投机，消费者非理性投机等，在此不一一论述。

7　中国互联网金融安全案例分析

互联网金融是指传统金融企业与互联网金融企业利用互联网技术和信息通信技术实现资金融通、支付、投资和信息中介服务的新型金融业务模式。

近年来,随着互联网技术和移动网络技术的发展,以 P2P 网络借贷平台、第三方支付、网络众筹集资平台等为代表的互联网金融行业快速发展。从 2013 年开始,我国互联网金融发展尤为迅速,因此 2013 年被称为我国的"互联网金融元年"。2013 年之后,互联网金融行业飞速发展,各种 P2P 网络借贷和网络众筹更是发展迅猛。以 P2P 网络借贷为例,根据网贷之家的统计数据,2010 年 P2P 网贷运营平台数量为 10 家,2011 年、2012 年、2013 年、2014 年和 2015 年分别为 50 家、200 家、800 家、1575 家和 2595 家。截至 2017 年 2 月,正常运营平台数量为 2335 家,累计平台数量达到了 5882 家。P2P 运营平台数量变化如图 7 - 1 所示。

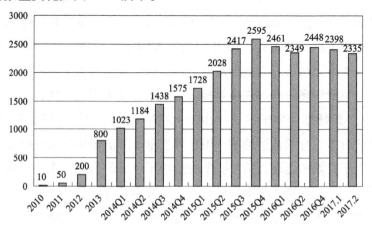

图 7 - 1　P2P 运营平台数量变化

由以上数据我们能够看到，在2015年之前，P2P网贷平台的数量成一个爆发式的增长，从2016年起，P2P网络借贷平台数量开始逐渐有所下滑，目前运营平台数量保持在2400家左右。根据网贷天眼的数据，截至2017年2月，累计停业及问题平台数量达2849家，已经到达了累计平台数量的一半。

由于互联网的迅速发展，互联网金融也在以飞快的速度发展，但在这个过程中，对于相关平台企业的监管缺乏相关规定，同时由于网络的虚拟性也导致增加了相关部门对其监管的难度，以致问题平台的数量呈现更快速的增长态势。一方面，由于现在互联网以及移动网络的普及和发展，导致互联网金融平台涉及的范围越来越广，影响的人群越来越大，一旦出现一些较大的问题平台就会给社会带来很大的不安定因素。以"e租宝"为例，从2014年7月上线到2015年12月被查封，"e租宝"以高额利息为诱饵，累计交易发生额高达700多亿元，实际吸收资金500多亿元，涉及投资人90多万，受害投资人遍布全国32个省市区。虽然只有短短的一年半时间，但是由于互联网交易投资的便利性导致涉案金额如此巨大，受害投资者如此之多，对社会的稳定及金融行业的稳定造成了巨大的影响。该事件在造成大量投资者巨大损失的同时，也对整个互联网金融行业造成了巨大的冲击，使得银行收紧了对融资租赁公司的授信，阻碍了相关行业的健康发展。另一方面，一些不法分子利用互联网金融的漏洞，尤其是高利贷者披着互联网金融的外衣进行非法的借贷行为，给金融市场和社会稳定造成了巨大冲击。2016年爆出的大学生"裸条"借贷事件以及多起大学生无法偿还借款自杀的事件，给社会稳定带来了巨大的不良影响，也对许多家庭和许多年轻人的未来造成了很大的伤害，大学生"裸条"借贷事件中很多女生由于无法偿还贷款被逼进行卖身肉偿，而这些行为本身都是违法的。很多男生由于无法偿还贷款最终被逼无奈走上了自杀的道路，给社会家庭造成了巨大的伤害。在这些借贷过程中，大学生借贷的利率极高，造成了滚雪球式的利息增长，使得年轻学生根本无法偿还。同时，在借贷时这些平台打着便捷的旗号，简化一切手续，利用学生对借贷的不了解诱使他们进行借贷，在借出款项时不对学生的经济能力进行评估，这些借贷流程、行为都是违反相关规定和法规的，但这些不法的行为都没能得到有效的监管，以致出现了这些悲剧，对社会、家庭、和个人都造成了巨大的伤害。

由于我国目前仍处于经济发展的重要时期，同时在"大众创业，万众创新"的号召下，互联网金融也成了目前经济发展的助力器。由于银行发放贷款相对比较严格，对于很多创业的个人或者一些中小微企业来说，通过网络众筹、P2P 网贷平台等互联网金融平台来获得发展资金更容易，同时这也给很多个人投资者带来了更多投资理财的机会。因此，在中国经济的大背景下，互联网金融的迅速发展是一个必然的结果。但随着大量问题平台的产生，以及大量不良事件的曝光，促进互联网金融健康、有序发展，构建和完善互联网金融监管早已成为社会的共识。从 2014 年起，互联网金融多次在国务院常务会议被提及。当年 3 月，李克强总理在政府报告中也明确表示："完善金融监管协调机制，密切监测跨境资本流动，守住不发生系统性和区域性金融风险的底线。""守住底线"被解读为对互联网金融的监管将更加严格，这次报告也是中央政府首次将"互联网金融"纳入报告。在 2016 年政府报告中，李克强总理再次提到："大力发展普惠金融和绿色金融。加强全口径外债宏观审慎管理。扎紧制度笼子，整顿规范金融秩序，严厉打击金融诈骗、非法集资和证券期货领域的违法犯罪活动，坚决守住不发生系统性区域性风险的底线。"不仅强调了互联网金融的重要性，更强调了金融监管的重要性、紧迫性。因此，在 2016 年，银监会等四部委发布了《网络借贷信息中介机构业务活动管理暂行办法》。同时，互联网金融机构也纷纷紧锣密鼓地制订了"家规"。互联网金融协会成立并发布了《互联网金融统计制度》《信用信息共享标准》《自律惩戒管理办法》等旨在加强统计监测与行业自律的规范。因此，在这种背景下，加强对互联网金融监管方面的研究是非常有必要的。

7.1 我国互联网金融安全问题现状

针对互联网金融监管的政策，我国相关部门也在不断完善。早在

2006 年银监会就开始对电子银行业务进行规范和监管，中国人民银行也在 2010 年对第三方支付服务进行了规范管理。并且随着互联网金融不断加速发展，各部门相关政策的推出也在加速，以保证互联网金融行业的健康发展，保障投资者和消费者的合法权益。

中国人民银行、中国银监会、中国证监会和中国保监会以及新成立的互联网金融协会推出的一些政策整理如表 7-1 所示。

表 7-1　主要监管机构以及行业自律部门政策

监管主体	发布时间	名称	主要内容
中国人民银行	2010 年 6 月	《非金融机构支付服务管理办法》	对第三方支付服务的行为、风险、权益等做出规定
	2010 年 6 月	《支付机构预付卡业务管理办法》《支付机构客户备付金存管办法》《银行卡收单业务管理办法》《支付机构互联网支付业务管理办法》《关于手机支付业务发展的指导意见》	对第三方支付、手机支付的规则与主体行为、权益的规范
	2015 年 7 月	《关于促进互联网金融健康发展的指导意见》（联合十部委发布）	互联网金融监管的基本法规，规定了互联网金融产业的基本监管职责，明确了业务边界
	2015 年 12 月	《非银行支付机构网络支付业务管理办法》	对账户进行三类分类管理
银监会	2006 年 1 月	《电子银行业务管理办法》	对电子银行的风险管理、法律责任、手续等做了规定，是网络银行的重要监管法规
	2011 年 8 月	《关于人人贷有关风险的通知》	对 P2P 行业中人人贷的风险做出警示
	2016 年 8 月	《网络借贷信息中介机构业务活动管理暂行办法》	明确网贷的机构属性，细化网贷机构定位，加强网贷行业监管

监管主体	发布时间	名称	主要内容
保监会	2011 年 4 月	《互联网保险业务监管规定（征求意见稿）》	对互联网保险监管的完善
	2011 年 9 月	《保险代理、经纪公司互联网保险业务监管办法（试行）》	保险代理、经纪公司互联网保险业务的重要监管法规
	2012 年 5 月	《关于提示互联网保险业务风险的公告》	对互联网保险业风险做出了预警
	2014 年 4 月	《关于规范人身保险公司经营互联网保险有关问题的通知（征求意见稿）》	对保险产品网销的信息披露制度做出了明确的规定
证监会	2013 年 9 月	《对淘宝网上部分公司涉嫌擅自发行股票行为的通报》	依据《国务院办公厅关于严厉打击非法发行股票和非法经营证券业务有关问题的通知》对淘宝网上部分公司涉嫌擅自发行股票的行为进行通报并叫停
	2016 年 10 月	《股权众筹风险专项整治工作实施方案》	规范互联网股权融资行为，保护投资者合法权益
中国互联网金融协会	2016 年 10 月	《关于开通互联网金融举报平台的公告》	加强公众监督和行业自律的作用

除了一行三会这些主要监管部门以及自律协会的相关政策，国家税务总局 2008 年 9 月针对虚拟货币的税务问题进行了相关规定；文化部、商业部也加强了对网络虚拟货币的管理；最高人民法院也在 2011 年就非法集资刑事案件具体应用法律的若干问题进行了解释，在 2015 年就关于审理民间借贷案件适用法律若干规定进行了说明；各地方也都发布了地方性的法规，如 2014 年上海发布了《关于促进本市互联网金融产业健康发展的若干意见》，2015 年浙江发布了《浙江省促进互联网金融健康发展暂行办法》等。

当然，随着互联网金融的快速发展，以及中央对互联网金融监管的不断重视和强调，在 2016 年年底，工商总局等十七部门印发了《开展互联网金融广告及以投资名义从事金融活动风险专项整治活动工作方案》，紧接着保监会印发了《互联网保险风险专项整治工作实施方案》；证监会等多部门联合印发了《股权众筹风险专项整治工作方案》；银监会印发了《P2P 网贷风险专项整治工作实施方案》；中国人民银行联合多部门印发了《非银行支付机构风险专项整治工作实施方案》以及《通过互联网开展资产管理及跨界从事金融业务风险专项整治工作实施方案》。各部门都采取措施对互联网金融各领域的风险进行专项整治，降低互联网金融行业的风险，努力保障互联网金融行业的健康发展。

7.2 互联网金融业务安全管理

7.2.1 互联网金融对传统银行业务的拓展管理

互联网金融的出现对于传统商业银行来说必然带来冲击，以余额宝为例，由于其理财起点低、流动性强、收益高、风险低等特点，对银行的存款、理财产品和基金代销业务都形成了冲击。余额宝的收益远超银行活期存款利息，并且可以随时赎回用于消费支付和转出，必然导致用户活期存款的分流；余额宝起点低，一元钱就能购买，远低于银行理财产品动辄数万元的起点，从而让更广大的支付宝用户获得增值机会，必然会对银行理财产品销售造成冲击；余额宝采取了快捷、高效的网络直销方式，也会对商业银行的基金代销业务造成影响。因此，面对互联网金融，商业银行必须改变现有的发展模式，真正从用户利益出发，充分利用互联网技术，主动求变，创新金融产品，才能立于不败之地。

（1）接受客户绑定各家银行卡的现实：各种互联网支付平台上线以后，商业银行的客户从此就不再稳定，换句话说，各家银行的客户都可能同时是互联网支付平台的客户。以支付宝为例，它只要求绑定银行卡，而不管你是哪家的银行卡。如今，微信海外注册用户已达 1 亿户，未来对传统商业银行国际业务的影响也是不可限量的。

（2）银行用户群体便捷地利用第三方支付平台：互联网金融除了能够满足商业银行传统的存、放、兑业务外，还能满足沟通、购物、娱乐等应有尽有的需求。而这些确实是商业银行无以比拟的。在操作上便捷性强。这种第三方支付方式是通过和各大银行开展合作，以应用接口程序的方式将各大银行的结算交易集中在一个界面上，使复杂的银行用户群体便捷地利用第三方支付平台进行网上交易。同时，由于对市场反应的特殊灵敏，互联网金融无论是消费还是理财都有天然的价格优势，这也是人们乐此不疲的重要原因。

（3）商业银行间接占领互联网市场份额：互联网金融能够迅速把零碎资金集成庞大的整体，也能在短时间内完成巨量资金的大转移。因此，它对传统商业银行来说，一方面，会进一步压缩传统商业银行利差空间，提前试水利率市场化；另一方面，互联网金融的出现，把商业银行推向互联网金融平台客户发展与维护的尴尬境地。在某种程度上说，商业银行需要为互联网金融平台卖卡。间接占领互联网金融市场这个大平台，相辅相成。

7.2.2 互联网金融带来新的金融安全管理问题

互联网金融由于其运行环境和运作方法的特殊性，存在诸多金融安全问题，如不引起重视，可能形成灾难性的后果，危及金融体系的安全。为此，央行先后出台了如下几个监管办法：《非金融机构支付服务管理办法》《支付机构反洗钱和反恐怖融资管理办法》《非金融机构支付服务系统检测认证管理办法》，虽然名义上受人民银行监督管理，但是实际上涉及相关部门较多：首先作为中介服务机构，须在工商部门注册，并受到工商部门的监督；其次在安全技术方面，受"安全产品测评认识中心"和"金融认证中心"两个机构的监管；最后作为电子支付业务与银行挂钩，须受人民银行监管。可见管理体系混乱，人民银行对智能领域的监管苍白无力、鞭长莫及。因此，互联网金融安全需要加强以下几个方面的监管。

（1）互联网金融自身的安全管理

互联网金融目前扮演着渠道的角色。如果网络本身出了问题，那么就会出现渠道不畅的安全问题。这主要体现在两个方面：一是通信线路的畅通问题；二是网络病毒侵入问题，由于互联网金融平台连接着众多银行、客户和商户，一旦有病毒侵入，后果不堪设想。

（2）互联网金融平台系统安全

这里也存在两个问题：一是互联网金融产品的客户响应难以估量，所谓病毒式营销，就是数以亿计的客户在同一时间做一个动作，无异于黑客攻击，如果估计和准备得不充分，就会出现系统瘫痪。微信马年"抢红包"活动就超出了其自身的想象和运营能力，致使系统瘫痪。所幸的是由于银行信息系统空间充足，其形成的大量交易未能导致银行系统崩溃。否则，临近月末年关，正是银行发工资等关键时期，一旦发生系统运行问题，就会形成社会事件；二是由于互联网金融已成为人们日常生活的一部分，必须有连续性管理的措施安排。除设立有效的备份措施外，还应有包括自然灾害在内的各种应急预案。

（3）资金投向与安全

当银行卡与互联网绑定以后，只要价格合理，就能在瞬间聚集起巨量资金。那么问题是，什么样的投向才能保持高收益而不出风险。依靠债市、同业拆借利率，甚至贷款的收益，是不能满足网民的需要的。按照通常逻辑，收益高的风险必大，如何维持其平衡，是一个现实的难题。美国纳斯达克前董事局主席麦道夫的"庞氏骗局"即是典型的例子，其利用电子系统设下"骗局"来欺诈投资人共计 650 亿美元。

（4）流动性安全与管理

对于互联网金融的资金归集方来说，似乎并未察觉到流动性风险。因为可以随时赎回，也可以随时买入。但一旦市场上有更好的产品，对于客户来说就可拔腿就走。如果价格信号强烈，客户形成共识和一致的行动，流动性就会出现问题。

（5）网络银行风险

网络银行的风险种类主要有以下几种：①网络银行技术风险。主要类型有技术选择风险、系统安全风险和外部技术支持风险；②网络银行的业务风险。主要包括操作风险、市场信号风险和法律风险；③合规风险。反洗钱、反欺诈、反恐怖融资、反腐败，以及实施经济制裁和客户信息保密，也是目前商业银行内控合规管理的重要内容。在互联网金融条件下，洗钱与欺诈的风险更隐蔽，存在着银行与互联网金融主体对反洗钱、反欺诈的职责不清问题，存在着利用互联网金融洗钱和欺诈的风险。

7.3 P2P 安全管理案例分析

7.3.1 P2P 天力贷兑付危机案例

2013 年被称为"互联网金融元年"。P2P 投融资平台因其便捷、低门槛、高收益等特性迅速吸引了大众理财用户的参与，而部分平台在运营过程中接二连三地产生了资金链断裂，造成非主观意愿的"跑路"平台，有的 P2P 平台纯属恶意诈骗后的"跑路"平台。互联网金融属于新生事物，P2P 行业太过年轻，立法层面不完善，尚存在诸多有待规范的地方。

湖北省天力贷投资有限公司（以下简称"天力贷"）成立于 2013 年 3 月 14 日，经营范围包括：以自有资金对制造业、房地产开发业、新能源产品开发业、新型建筑材料开发行业进行投资；企业资产管理；企业管理咨询服务。注册资金 2000 万元，刘明武作为大股东出资占比 90%，另外 10% 由其堂妹刘林出资。

其中，天力贷实缴资本共 1000 万元：刘明武和李玲分别出资 900 万元、100 万元。天力贷自 2013 年 5 月正式营业，9 月末平台就开始出现兑付危机，据《时代周报》记者通过实地调查、走访多位当事人，发现天力贷平台运作存在诸多漏洞，比如同一借款人累计借款超过 2000 万元、涉嫌自融以及投资者将资金直接打至刘明武及刘林个人账户等。为了吸引投资者，其年化收益几乎不低于 20%，而且挂出了高达 7% 的投标奖励。

2013 年 10 月 28 日公安部门披露天力贷董事长因涉嫌非法吸收公众存款罪而被捕，并立案展开调查，从营业直到刘明武被捕仅短短 5 个月时间。据投资者不完全统计，截至天力贷案发，已统计的投资人共计 370 人，涉案金额 4464 多万元。

天力贷网络借贷平台 2013 年 4 月上线，10 月即案发，仅仅存活了 6 个月，可谓短命 P2P 平台。

天力贷为了吸引投资者，宣称的年化收益率几乎不低于 20%，而且承诺 7% 的投标奖励。而对比一般的 P2P 平台，年化收益率一般在 10% 左右，天力贷的承诺收益优势明显。

如此高的回报率，实际上已经超出了正常水平，这也是天力贷能在短短数月融资数千万的原因所在。当然，回报率高也意味着风险高，这已经不是网贷，而是赌场。投资天力贷的数百位投资人不幸中招。

天力贷自 2013 年 9 月便出现兑付困难，网站挂出声明称资金周转困难，导致无法提现。但问题远不止此，天力贷自 2013 年 9 月底便停止发标，客服电话也开始无人接听。直到 10 月底，董事长刘明武被捕，投资人才知道已血本无归。

非法吸收公共存款罪的犯罪主体既可以是自然人，也可以是公司、企业等单位。从以往发生的案例来看，在自然人作为犯罪主体时，一般都会以公司、企业或其他组织的名义进行这一犯罪，本案中同样存在该种情况。

在犯罪的主观方面，本罪与普通诈骗罪一样，行为人在主观上都具有非法占有他人财物的目的，也就是说犯罪行为人明知"以诈骗方法非法集资"是侵犯他人财产的行为，是违反国家法律的，但是仍然希望这种危害结果发生。无论采取什么方式、什么手段来隐瞒事实真相，编造虚假情况，其最终目的只有一个，即非法将他人的财物占为己有。

自该事件曝光后，部分投资者对网站所发布的信息进行比较分析，发现其中存在蹊跷之处。首先，该平台上所有融资项目数额都较小，大多在 10 万元、20 万元左右，期限也均在半年以内，但相关的借款人信息却非常模糊不清，仅以"旅游公司借款"或"金属制造公司借款"这样的方式发出，而其中一个用户名为"liusq"的借款人，在该平台上累计融资次数已超过490次。其次，该平台的一部分投资项目并不是由社会不特定的借款人所发布，而是由该公司内部员工以个人名义发布的，并由公司负责人提供担保，资金去向不明。

虽然上述种种表象仅为投资者通过平台所发布的信息而产生的怀疑，并未得到证实，但若经公安机关侦查后，确切证实了该企业存在通过上述看似常规的方法，在平台上发布虚假项目，意欲以欺骗的方式吸收大量行为资金的，在主观上显然已经具有非法占有他人财物的目的。

互联网金融又属于新生事物，立法层面不完善，并不意味着出了问题可以逃出法网，真的出了问题即使是刑事问题传统法律也可以适用。无论从立法层面还是政策层面，对金融创新应持鼓励态度，对保护消费者权益和风险防控等方面的考虑，则应从技术层面解决以更好地促进互联网金融行业的健康发展，才是央行的最终出发点。

P2P网贷平台因其便捷、低门槛、高收益等特性迅速吸引了大众理财用户的参与，但由于P2P行业太过年轻，尚存在诸多有待规范的地方，而部分平台也在运营过程中接二连三地产生了资金链断裂、恶意诈骗等一系列负面连锁反应。

自2013年年初至2014年7月，已有上百家P2P网贷平台的负责人因经营不善、逾期提现等原因卷款潜逃，造成众多投资者血本无归。表面上看，或许其存在的仅仅是简单的无法偿还债务的问题，但究其根本，其行为已经涉嫌非法集资、集资诈骗等刑事犯罪。

7.3.2　特大P2P集资诈骗案例

浙江衢州市中宝投资有限公司法人代表周辉通过P2P平台集资10.3亿余元，骗取人民币1.75亿余元。2015年8月14日，浙江省衢州市中级人民法院对该案进行宣判，周辉犯集资诈骗罪，判处有期徒刑十五年，并处罚金人民币50万元。2011年，周辉以100万元注册资金成立浙江省衢州市中宝投资咨询有限公司，后将公司更名为浙江省衢州市中宝投资有限公司。其间，公司性质均为一人有限责任公司，周辉均担任公司法定代表人。

周辉2011年起用网站做金融信息服务，收取中介服务费。投资人将投资款汇到周辉公布在网站上的其个人的8个银行卡等账户用于投标。借款人（发标人）可在网站平台发布各种招标信息，吸引投资人投资从而融得资金。

2011年5月至2013年12月，周辉陆续虚构了34个借款人（发标人），并利用上述虚假身份大量发布增值标、抵押标、石头标（宝石标），以支持投资人20%左右的年化收益率。此外，周辉还根据投资标的类型和金额给投资的会员支付额外奖励等为诱饵，向投资人大肆非法集资。所集资金全部由周辉一人支配，包括购置和经营珠宝、车辆等，所有款项均未纳入公司进行财务核算。

经查明，周辉先后从全国多个省份1586名不特定对象集资10.3亿余元，其中尚有1136名投资人近3.56亿元集资款未归还。案发后侦查机关从周辉控制的用于集资的银行账户中扣押资金1.8亿元。周辉实际骗取投资人款项人民币1.75亿余元。

在2015年6月的庭审中，周辉认为其不构成集资诈骗罪。周辉说："我和投资人是合作的关系，一直来信誉良好，我都是让投资人先了解清楚再投资的，没有隐瞒他们"。

周辉的辩护人则指出，该案没有被害人报案，是为数不多的正常运营的P2P公司被中断。中宝投资三年来经营正常等情形表明，周辉不具有非法占有的目的。周辉具有投资珠宝赚钱的渠道和能力，完全可以利用现有资金通过经营产生收益支付投资人。

法院审理认为，周辉利用其掌握控制"中宝投资"网站平台的便利，注册虚假发标人，并通过网站平台发布大量与真实情况不符的投资标，许以高额利息，向大量不特定对象吸收资金并维系由其一人掌控和使用的资金池。无论周辉实际使用资金状况如何，其均按照发布的利率向被集资人支付回报，以吸引他人继续投资。故周辉实际并未正常经营P2P网络借贷，而是借助网络平台以诈骗方法非法集资。

此外，法院还认为，周辉确有将部分所集资金用于购买汽车、奢侈品和珠宝首饰等用于经营，但是获得利润很少，而且大部分由周辉本人使用，或交由他人使用，甚至无偿赠送他人，属于挥霍。此外，周辉还将大约 2800 万元用于购买服饰、眼镜等物品、出去旅游、住宿餐饮消费、美容等纯消费项目。

浙江省互联网金融协会秘书长陈建可认为，中宝是较早的 P2P 网络借贷平台，由于当时监管缺失，不少平台都存在与中宝一样的问题。近年来，随着互联网金融行业的发展，政府部门也在边鼓励边规范的过程中，对 P2P 网络借贷中出现的自融现象明确了红线。

网贷之家 CEO 石鹏峰表示，很多 P2P 网络借贷案大多定罪为非法吸收公众存款罪，比较宽泛，这在合法经营的互联网金融公司看来是不公平的，无形中增加了一些人的侥幸心理，像中宝投资这样被判定为集资诈骗罪的较为少见，对不合法经营的公司能起到震慑作用。

7.4 我国 P2P 金融平台的安全性管理

P2P 网络借贷源自个体网络借贷或网络小额贷款，是指个体和个体之间通过互联网平台实现的直接借贷。这种通过网络形式实现的民间借贷需要具备小额牌照。P2P 网贷本应该是点对点的从出借人到借款人的民间借贷业务，但是目前的 P2P 网贷已经逐渐演变成为一种从线下资产端到线上资金端的交易平台，这样的 P2P 平台一方面对接资产端（融资端）、一方面对接资金端（线上理财端），平台起到了整合并且撮合两端的作用，从而形成资金到资产的对接。

资产端往往是非常宽泛的，诸如信用贷款、房屋抵押借贷、保理债权、车贷、承兑汇票、融资租赁债权、小贷债权、消费分期债权等。这些都可能成为 P2P 平台对接线上销售的产品。

（1）融资方和平台方避免风险的三种模式

① 资金池模式涉嫌非法吸收公众存款

在《以开展 P2P 网络贷款业务为名实施非法集资行为》中，中国人民银行对资金池模式进行解释如下：P2P 网络借贷平台通过将借款需求设计成理财产品出售给放贷人，或者说归集资金在前、寻找借款对象在后，这样操作使放贷人资金进入平台的中间账户，容易产生资金池，此类模式下，P2P 平台涉嫌非法吸收公众存款。

② 自融行为导致非法吸收公众存款罪并升格演化为集资诈骗罪

在最高法《关于审理非法集资刑事案件具体应用法律若干问题的解释》中，可得知：诸如用于挥霍自用、逃避返还资金等非法占有行为，就是从非法吸收公众存款罪升级为集资诈骗罪。

③ 增信业务是 P2P 平台的非法集资

在 2015 年 7 月 18 日出台的《关于促进互联网金融健康发展的指导意见》（简称《互金指导意见》）中，明确了个体网络借贷机构只能是信息中介的性质，只能为借贷双方的直接借贷提供信息服务，如果提供增信服务即为非法集资。

（2）投资方的风险防范

① 投资者的投资理财原则

第一，先认清自身的风险承受能力。作为投资理财产品，P2P 投资理财自然也存在风险，尤其是收益越高的项目，其风险性越大，所以在选择项目前，投资者要认清自己的资金实力和风险承受能力，选择适合自己的产品，而不是一味追求高收益。

第二，树立合理的理财目标。没有任何目标的理财，结果肯定也是不尽如人意的，之所以参与 P2P 投资理财就是为了赚取更高的收益，所以投资者要根据自己投资资金的情况，制定一个合理的收益目标，比如选择某几个标的后，预估 3 个月之后的收益有多少，如果实际收益远低于预期收益，那么就要调整理财方案；若实际收益和预期收益差不多，那么就可以继续这种理财方案，只有这样才能让投资者赚更多的钱。

第三，根据自身情况量力而行。虽然 P2P 网络投资理财的收益很高，要想得到更多的收益就需要投资更多的资金。一般情况下，借款金额较大的标的，其年化收益也高，但是这只适合资金实力较强的投资者，对于资金实力薄弱的投资者，仍然需要以稳健投资为准。

② 投资者 P2P 理财产品的选择方法

一是产品的风险控制。

所选择 P2P 理财产品所归属的平台是否规范，是否有一套完善的风险管控技术，是否有抵押，是否有一套严格的审核流程，是否有一个成熟的风险控制团队，是否有还款风险金，是否每一笔的债权都非常透明化，是否每个月都会在固定的时间给客户邮寄账单和债权列表等，以上是非常重要的一些问题，所以客户在进行选择的时候一定要了解清楚。

二是所选产品的平台实力。

一般平台越大，其风险管控越严格，因为平台大，每一笔债权都是经过严格审核才会转让给出借人，比如嘉丰瑞德就是如此操作。另外，公司的实力和规模也是衡量一个公司规范与否的一个非常重要的指标。还有公司的注册资金，在全国的营业部的规模也都是非常重要的指标。

三是合同的规范性。

认购产品时务必要把合同中的每一条认真阅读清楚，摸清每一条每一个字的具体含义，千万不要马马虎虎就把合同给签署了，而对于其中的条条框框一无所知，若将来真的产生风险，后悔也来不及了。

四是合作模式风险要点。

当下越来越多的 P2P 平台与信托公司合作，其中优势互补显而易见，但是在选择这类产品时要注意信托与 P2P 平台合作过程中存在的风险错配和期限错配、融资杠杆被无限放大和法律风险。当下 P2P 行业缺乏监管，双方合谋套利的模式需要经过长期考验。

（3）建立网络非法集资和诈骗行为的惩治机制

① P2P 网络平台非法集资的惩治机制

所谓非法吸收公众存款罪，是指未经中国人民银行批准，向社会不特定对象吸收资金，出具凭证，并承诺一定期限内还本付息的活动。本罪的主体包括单位和个人。根据《中华人民共和国刑法》第一百七十六条的规定：非法吸收公众存款或者变相吸收公众存款，扰乱金融秩序的，处三年以下有期徒刑或者拘役，并处或者单处二万元以上二十万元以下罚金；数额巨大或者有其他严重情节的，处三年以上十年以下有期徒刑，并处五万元以上五十万元以下罚金。单位犯前款罪的，对单位判处罚金，并对其直接负责的主管人员和其他直接责任人员，依照前款的规定处罚。

根据最高人民法院《关于审理非法集资刑事案件具体应用法律若干问题的解释》第一条规定：违反国家金融管理法律规定，向社会公众（包括单位和个人）吸收资金的行为，同时具备下列四个条件的，除刑法另有规定的以外，应当认定为刑法第一百七十六条规定的"非法吸收公众存款或者变相吸收公众存款"：一是未经有关部门依法批准或者借用合法经营的形式吸收资金；二是通过媒体、推介会、传单、手机短信等途径向社会公开宣传；三是承诺在一定期限内以货币、实物、股权等方式还本付息或者给付回报；四是向社会公众即社会不特定对象吸收资金。

需要明确的是，未向社会公开宣传，在亲友或者单位内部针对特定对象吸收资金的，不属于非法吸收或者变相吸收公众存款。本罪的行为方式主要表现在两方面，一方面是非法吸收公众存款，包括不具备吸收公众存款业务主体资格的个人或单位非法经营吸收公众存款业务和具备吸收公众存款业务主体资格的金融机构及其工作人员在吸收公众存款业务活动中，违反金融法律、法规，采用不正当手段如擅自提高利率等，办理吸收公众存款业务；另一方面是变相吸收公众存款，即以投资、集资、联营、资金互助等名义间接非法经营吸收公众存款业务。

② P2P 网络平台集资诈骗罪的惩治机制

所谓集资诈骗罪是指以非法占有为目的，违反有关金融法律、法规的规定，以诈骗的方式进行非法集资，扰乱国家正常金融秩序，侵犯公司财产所有权，且数额较大的行为。"非法占有"是广义的，通常是指将非法募集的资金的所有权转归自己所有，或任意挥霍，或占有资金后携款潜逃等。"以诈骗的方式"是指行为人以非法占有为目的，通过编造谎言、捏造或者隐瞒事实真相等欺骗的方法，骗取他人资金的行为。

根据《中华人民共和国刑法》第一百九十二条的规定："以非法占有为目的，使用诈骗方法非法集资，数额较大的，处五年以下有期徒刑或者拘役，并处二万元以上二十万元以下罚金；数额巨大或者有其他严重情节的，处五年以上十年以下有期徒刑，并处五万元以上五十万元以下罚金；数额特别巨大或者有其他特别严重情节的，处十年以上有期徒刑或者无期徒刑，并处五万元以上五十万元以下罚金或者没收财产。"

根据《中华人民共和国刑法》第二百条的规定："单位犯本节第一百九十二条、第一百九十四条、第一百九十五条规定之罪的，对单位判处罚金，并对其直接负责的主管人员和其他直接责任人员，处五年以下有期徒刑或者拘役；数额巨大或者有其他严重情节的，处五年以上十年以下有期徒刑；数额特别巨大或者有其他特别严重情节的，处十年以上有期徒刑或者无期徒刑。"

根据《关于审理非法集资刑事案件具体应用法律若干问题的解释》第四条的规定："以非法占有为目的，使用诈骗方法实施本解释第二条规定所列行为的，应当依照刑法第一百九十二条的规定，以集资诈骗罪定罪处罚。"

使用诈骗方法非法集资，具有下列情形之一的，可以认定为"以非法占有为目的"：一是集资后不用于生产经营活动或者用于生产经营活动与筹集资金规模明显不成比例，致使集资款不能返还的；二是肆意挥霍集资款，致使集资款不能返还的；三是携带集资款逃匿；四是将集资款用于违法犯罪活动的；五是抽逃、转移资金、隐匿财产，逃避返还资金的；六是隐匿、销毁账目，或者搞假破产、假倒闭，逃避返还资金的；七是拒不交代资金去向，逃避返还资金的；八是其他可以认定非法占有目的的情形。

集资诈骗罪中的非法占有目的，应当区分情形进行具体认定。行为人部分非法集资行为具有非法占有目的的，对该部分非法集资行为所涉集资款以集资诈骗罪定罪处罚；非法集资共同犯罪中部分行为人具有非法占有目的，其他行为人没有非法占有集资款的共同故意和行为的，对具有非法占有目的的行为人以集资诈骗罪定罪处罚。本罪的犯罪主体既可以是自然人，也可以是公司、企业等单位。从以往发生的案例来看，在自然人作为犯罪主体时，一般都会以公司、企业或其他组织的名义进行这一犯罪。

（4）规范 P2P 网络投融资平台

现有的法律条款规定的惩罚措施，不能满足日益快速发展的 P2P 网络投融资平台的需要，关于 P2P 网络投融资平台中如何判断、定罪、处罚的相应条款需要快速跟进。

① P2P 必须是有实质性业务的平台，属于资金池性质的平台不能审核通过，防范于未然；

② P2P 必须做到实名制的原则，资金流向必须清楚；

③ P2P 必须界定其业务范围，不能混入其他金融业务；

④ P2P 必须具备行业资质，设立网络 P2P 行业门槛；

⑤ P2P 必须设立第三方资金托管机构，不能以存款直接代替托管；

⑥ P2P 引入的担保机构必须有资质；

⑦ P2P 必须确立投融资双方的定价机制，不能盲目追逐高收益；

⑧ P2P 行业必须建立信息披露原则，动态揭示风险；

⑨ P2P 必须一方面小额化融资，另一方面支持小微企业的发展项目；

⑩ P2P 必须加强行业自律性组织的建设，推动行业标准化、信息化。

8　新时代背景下互联网
金融监管博弈分析

8.1　互联网金融监管演化博弈模型

　　互联网金融作为新兴行业，首先在经营业务的范围方面，尚没有严格的界定，同时由于其虚拟的属性，对其监管也存在很大的难度。同时，由于我国互联网金融发展速度远超预期，因此在监管制度方面也存在着很多不足，因此很容易产生信用等风险。另一方面，目前互联网金融涉及范围太广、影响的人群也极大，因此一旦产生风险将对社会造成极大的不良影响。随着国家的"互联网+"战略推出，在新时代背景下互联网金融的发展是大势所趋，是推动我国经济发展的新动力。与此同时，随着互联网风险的增加，监管机构和监管措施的规范化也迫在眉睫。下面我们通过监管机构和互联网金融机构的博弈分析，来寻找监管的均衡状态，以便在规范互联网金融机构、保护投资者消费者权益的基础上，更好地推动互联网金融健康发展，维护互联网金融安全。

8.1.1　模型假设

　　当监管部门对互联网金融机构进行监督时，互联网金融机构必然会选择采用合法合规手段进行经营；当监管机构选择对其不进行监管时，互联网金融机构也必然会选择采取一些违法违规手段进行经营。因此，监管部门和互联网金融机构之间的单次博弈不存在纯策略纳什均衡。两者之间的博弈行为是重复动态的，两者都会根据对方的策略不断调整自己的策略。因此，我们选择用演化博弈相关理论进行分析是更符合现实情况的。在建立博弈之前，我们要先对博弈进行相关条件的约束，即说明建立博弈模型的相关假设。

第一，模型中的监管机构主要是指我国进行金融行业监管的一行三会（央行、银监会、证监会、保监会），并且互联网金融机构和监管机构之间的信息是不完全对称的；第二，博弈双方的工作都是有效率的；第三，互联网金融机构营业以及监管机构进行监管是具有连续性和持续性的，两者之间的博弈是重复长期的；第四，参与方互相之间知道对方以前的博弈策略及支付函数，但无法知道当期对手的策略选择；第五，在博弈过程中监管机构可以选择的策略是对互联网金融进行监管或者不监管，互联网金融机构可以选择的策略是进行合法合规的经营或者进行违法违规的经营。

8.1.2 博弈模型

在互联网金融机构和监管机构博弈的过程中，互联网金融机构只能选择合法合规经营或者依法依规经营，假设其采取违规违法经营的概率为 α（$0 < \alpha < 1$），而监管机构只能选择监管或者不监管，其选择监管的概率为 β（$0 < \beta < 1$）。两者在选择不同策略的过程中都能够获得相应的收益，表 8-1 就是两者的支付矩阵。

表 8-1　互联网金融机构和监管机构支付矩阵

监管机构　　　互联网金融机构	监管（β）	不监管（$1-\beta$）
违规违法经营（α）	$I - Q - pL$；$Q - C_2 + S$	$I - pL$；$-pH - N$
合规合法经营（$1-\alpha$）	$I - C_1 + \theta$；$S - C_2$	$I - C_1 + \theta$；$-N$

假设互联网金融机构正常经营的收益为 I，在其选择违规违法经营时无需额外的投入，在其选择合规合法经营时，需要采取一些网络安全方面的措施保障投资者权益，因此产生额外的成本 C_2，但与此同时合规合法经营给其带来的声誉等方面的收入为 θ（$\theta > 0$），由于互联网金融机构在一定概率下会选择违法违规经营，因此合规合法经营带来的收益 θ 无法弥补额外产生的成本，因此 $C_2 > \theta$；同时，我们假

设互联网金融机构采取违规违法经营出事的概率为 p，而出事将造成的损失为 L，而在其采取违规违法经营手段时，被监管机构监管到将受到的惩罚是 Q。

另外，假设监管机构进行监管所需要的成本是 C_2，在监管到违法违规企业时可获得的惩罚收入是 Q，监管机构采取监管策略对市场起到的震慑作用而获得的隐形收入为 S；同时如果在不监管的情况下，互联网金融机构出事，监管机构受到政府的惩罚为 H，由于不监管产生的不好的社会引导效应为 N。

8.2 互联网金融机构和监管机构行为博弈模型分析

通过博弈模型的建立，我们能够清晰地看到两者在博弈过程中的收益，由模型中的收益矩阵，我们能够得出以下几点。

互联网金融机构采取违规违法经营手段时的期望收益为：

$$U_\alpha = \beta(I - Q - pL) + (1 - \beta)(I - pL) \qquad 8-1$$

互联网金融机构采取合规合法手段时期望收益：

$$U_{1-\alpha} = \beta(I - C_1 + \theta) + (1 - \beta)(I - C_1 + \theta) \qquad 8-2$$

监管机构选择进行监管的期望收益：

$$U_\beta = \alpha(Q - C_2 + S) + (1 - \alpha)(S - C_2) \qquad 8-3$$

监管机构选择不进行监管的期望收益：

$$U_{1-\beta} = \alpha(-pH - N) + (1 - \alpha)(-N) \qquad 8-4$$

由以上分析，我们能够进一步得到互联网金融机构和监管机构的平均期望收益为：

$$\overline{U_1} = \alpha[\beta(I - Q - pL) + (1 - \beta)(I - pL)] +$$
$$(1 - \alpha)[\beta(I - C_1 + \theta) + (1 - \beta)(I - C_1 + \theta)]$$
$$= \alpha[\beta(I - Q - pL) + (1 - \beta)(I - pL)] + (1 - \alpha)(I - C_1 + \theta)$$
$$8-5$$

$$\overline{U_2} = \beta[\alpha(Q - C_2 + S) + (1 - \alpha)(S - C_2)] +$$
$$(1 - \beta)[\alpha(-pH - N) + (1 - \alpha)(-N)]$$
$$= \beta[\alpha(Q - C_2 + S) + (1 - \alpha)(S - C_2)] +$$

$$(1 - \beta)[\alpha(-pH) - N] \qquad\qquad 8-6$$

8.2.1　静态均衡分析

在该博弈中，我们可以借鉴混合策略纳什均衡相关定义，得到互联网金融机构期望收益最优化时导数应该为零，即：

$$\mathrm{d}\,\overline{U}_1/\mathrm{d}\alpha = \beta(I - Q - pL) + (1 - \beta)(I - pL) - (I - C_1 + \theta) = 0$$

$$8-7$$

即监管机构采取的最优的监管概率为：

$$\beta^* = \frac{-pL + C_1 - \theta}{Q}$$

同理，根据监管机构的平均期望收益，我们可以得到，互联网金融机构采取的最优的采取违法违规的手段进行经营的概率为：

$$\alpha^* = \frac{C_2 - S - N}{Q + pH}$$

因此，对于互联网金融机构来说，当监管机构采取监管措施的可能 $\beta > \beta^*$ 时，互联网金融机构要尽量避免采用违法违规的手段进行经营，才能提高收益率；而在 $\beta < \beta^*$ 时，互联网金融资本采取违规违法手段进行经营能够提高收益。

对于监管机构来说，当互联网金融机构采取违法违规经营手段概率 $\alpha > \alpha^*$ 时，监管机构应该尽量提高监管的概率，这样才能获得更高的监管收益；在 $\alpha < \alpha^*$ 时，监管机构降低监管的概率则可以提高监管的期望收益。

因此，在这种静态分析下，在监管机构采取监管措施的概率为 β^* 时，在互联网金融机构采取违法违规手段进行经营的概率为 $\alpha < \alpha^*$ 时，监管机构和互联网金融机构之间的博弈达到均衡，此时两者都能获得最稳定最优的期望收益。

通过以上的分析，我们能够发现，作为监管机构采取一致的监管力度在一定程度上是勉强可以做到的，但各监管机构在现实中也存在有限理性；同时，由不同个体组成的互联网金融机构个体进行经营的概率选择比较容易，但整个群体无法形成一致，这样的话会由于个体之间的不完全理性导致在无限次重复博弈中造成资源内耗的局面，降低互联网金融市场资源配置的效率。因此，静态均衡策略分析无法实现动态意义上的演化路径分析，对于互联网金融机构和监管机构都存在有限理性行为而无法给出准确的表达。

8.2.2 动态均衡分析

由之前的分析，我们已经得到，互联网金融机构和监管机构的平均期望收益分别为：

$$\overline{U}_1 = \alpha[\beta(I - Q - pL) + (1 - \beta)(I - pL)] +$$
$$(1 - \alpha)[\beta(I - C_1 + \theta) + (1 - \beta)(I - C_1 + \theta)]$$
$$= \alpha[\beta(I - Q - pL) + (1 - \beta)(I - pL)] + (1 - \alpha)(I - C_1 + \theta)$$
$$\overline{U}_2 = \beta[\alpha(Q - C_2 + S) + (1 - \alpha)(S - C_2)] +$$
$$(1 - \beta)[\alpha(-pH - N) + (1 - \alpha)(-N)]$$
$$= \beta[\alpha(Q - C_2 + S) + (1 - \alpha)(S - C_2)] +$$
$$(1 - \beta)[\alpha(-pH) - N]$$

根据演化博弈的复制动态理论，如果某一时刻 t 互联网金融机构选择违法违规经营的概率为 α，则下一个时刻 α 的变化率和两个因素有关，一个是上一时刻已有的概率 α，另一个则是对应的纯策略收益与平均收益之间的差距。同样地，监管机构群体中也存在同样的情形。因此，我们能够得出，随着时间 t 推移，互联网金融机构和监管机构的复制子动态方程分别为：

$$F(\alpha) = \frac{\mathrm{d}\alpha}{\mathrm{d}t} = \alpha(U_\alpha - \overline{U}_1)$$
$$= \alpha\{\beta(I - Q - pL) + (1 - \beta)(I - pL) -$$
$$\alpha[\beta(I - Q - pL) + (1 - \beta)(I - pL)] - (1 - \alpha)(I - C_1 + \theta)\}$$
$$= \alpha(1 - \alpha)(-\beta Q - pL - \theta + C_1) \qquad 8-8$$

$$F(\beta) = \frac{\mathrm{d}\beta}{\mathrm{d}t} = \beta(U_\beta - \overline{U}_2)$$
$$= \beta\{\alpha(Q - C_2 + S) + (1 - \alpha)(S - C_2) -$$
$$\beta[\alpha(Q - C_2 + S) + (1 - \alpha)(S - C_2)] - (1 - \beta)[\alpha(-pH) - N]\}$$
$$= \beta(1 - \beta)(\alpha Q + \alpha pH + N + S - C_2) \qquad 8-9$$

由以上我们已经得到了互联网金融机构的复制子动态方程公式，令 $F(\alpha) = 0$，可以得到：

$$\alpha_1^* = 0, \alpha_2^* = 1, \beta^* = \frac{-pL + C_1 - \theta}{Q}$$

以上的解表示，当 $\beta = \frac{-pL + C_1 - \theta}{Q}$ 时，则所有 α（$0 \leqslant \alpha \leqslant 1$）都是稳定状态，此时的 β 代表的是双方在混合策略均衡状态下监管机构选择对互联网金融机构进行监督的概率。而当 $\beta \neq \frac{-pL + C_1 - \theta}{Q}$ 时，则只有在 $\alpha = 0$、$\alpha = 1$ 时是稳定状态。根据演化博弈的稳定性定理，令：

$$F'(\alpha) = (1 - 2\alpha)(-\beta Q - pL - \theta + C_1) < 0$$

当 $\beta > \frac{-pL + C_1 - \theta}{Q}$ 时，$\alpha = 0$ 为演化稳定策略（ESS），这也表示，当监管机构以大于 $\frac{-pL + C_1 - \theta}{Q}$ 的概率进行监管时，互联网金融机构选择合法合规经营的策略是演化稳定策略。反之，当 $\beta < \frac{-pL + C_1 - \theta}{Q}$ 时，$\alpha = 1$ 为演化的稳定策略（ESS），这也表示，在监管机构以小于 $\frac{-pL + C_1 - \theta}{Q}$ 的概率进行监管时，互联网金融机构选择进行违规违法经营的策略为演化稳定策略。

由以上的分析，我们可以得到互联网金融机构三种动态演化过程的相位图，如图 8 - 1 所示。

通过图 8 - 1 我们能够看出，在 $\beta > \frac{-pL + C_1 - \theta}{Q}$ 时，互联网金融机构趋向于选择合法合规的经营策略，当 $\beta < \frac{-pL + C_1 - \theta}{Q}$ 时，则趋向于选择违法违规的经营策略。

而在 $\beta = \frac{-pL + C_1 - \theta}{Q}$ 时，对自变量 L、C_1、θ、Q 求一阶导数，可得：

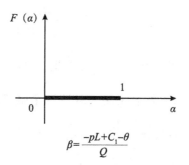

$$\beta = \frac{-pL + C_1 - \theta}{Q}$$

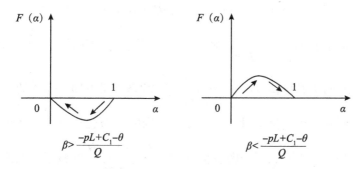

图 8-1　互联网金融机构动态演化过程相位图

$$\frac{\partial \beta}{\partial L} = -\frac{p}{Q} < 0; \quad \frac{\partial \beta}{\partial C_1} = \frac{1}{Q} > 0;$$

$$\frac{\partial \beta}{\partial \theta} = -\frac{1}{Q} < 0; \quad \frac{\partial \beta}{\partial Q} = -\frac{-pH + C_1 - \theta}{Q^2} < 0$$

由此，我们能够看到，在 $\beta = \dfrac{-pL + C_1 - \theta}{Q}$ 时，β 是 L、θ 和 Q 的单调递减函数，同时是 C_1 的单调递增函数。这也就是说当互联网金融机构违规违法经营遭受到的损失 L 越大，进行合法合规需要的额外成本 C_1 越小，通过合规合法经营获得的声誉收入 θ 越大，监管机构对于违法违规行为的惩罚力度 Q 越大时，则 $\beta = \dfrac{-pL + C_1 - \theta}{Q}$ 越小，此时，互联网金融机构就趋向于采取合规合法的经营策略。

8.2.3　监管机构动态演化过程分析

由监管机构复制子动态方程 8-9，令 $F(\beta) = 0$，可以得到：

$$\beta_1^* = 0, \quad \beta_2^* = 1, \quad \alpha^* = \frac{C_2 - S - N}{Q + pH}$$

以上的解表示，当 $\alpha = \dfrac{C_2 - S - N}{Q + pH}$ 时，则所有的 β（$0 \leqslant \beta \leqslant 1$）均为稳定状态，$\alpha$ 表示在混合策略下互联网金融机构选择进行违规违法经营策略的概率。而当 $\alpha \neq \dfrac{C_2 - S - N}{Q + pH}$ 时，只有 $\beta = 0$、$\beta = 1$ 两个稳定状态，根据演化博弈的稳定性定理，令：

$$F'(\beta) = (1 - 2\beta)(\alpha Q + \alpha pH + N + S - C_2) < 0$$

得到当 $\alpha < \dfrac{C_2 - S - N}{Q + pH}$ 时，$\beta = 0$ 是演化稳定策略（ESS），即表示当互联网金融机构以小于 $\dfrac{C_2 - S - N}{Q + pH}$ 的概率采取违规违法的经营策略时，监管机构选择不对互联网金融机构的行为进行监管是演化稳定策略。相反，当互联网金融机构以大于 $\dfrac{C_2 - S - N}{Q + pH}$ 的概率采取违规违法的经营策略时，监管机构选择进行监管是演化稳定策略。

由以上的分析，我们可以得到监管机构三种动态演化过程的相位图，如图 8 - 2 所示。

通过图 8 - 2，我们能够看到，当 $\alpha > \dfrac{C_2 - S - N}{Q + pH}$ 时，监管机构趋向于选择对互联网金融机构的经营行为采取监管的策略；而当 $\alpha < \dfrac{C_2 - S - N}{Q + pH}$ 时，监管机构则趋向于对互联网金融机构的经营行为采取不监管的策略。

而在 $\alpha = \dfrac{C_2 - S - N}{Q + pH}$ 时，分别对自变量 C_2、S、Q、H、N 进行一阶求导，结合建立模型的相关假设，可得：

$$\frac{\partial \alpha}{\partial C_2} = \frac{1}{Q + pH} > 0; \quad \frac{\partial \alpha}{\partial S} = -\frac{1}{Q + pH} < 0;$$

$$\frac{\partial \alpha}{\partial Q} = -\frac{C_2 - S - N}{(Q + pH)^2} < 0;$$

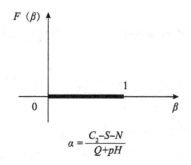

$$\alpha = \frac{C_2 - S - N}{Q + pH}$$

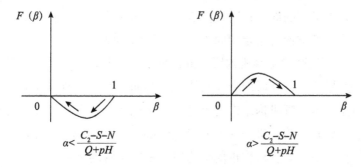

$$\alpha < \frac{C_2 - S - N}{Q + pH} \qquad\qquad \alpha > \frac{C_2 - S - N}{Q + pH}$$

图 8 - 2   监管机构动态演化过程相位图

$$\frac{\partial \alpha}{\partial H} = - \frac{C_2 - S - N}{(Q + pH)^2} p < 0; \qquad \frac{\partial \alpha}{\partial N} = - \frac{1}{Q + pH} < 0$$

由此，我们能够看到 $\alpha = \dfrac{C_2 - S - N}{Q + pH}$ 是 S、Q、H、N 的单调递减函数，同时是 C_2 的单调递增函数，这就表示，当监管机构实施监管后的隐形收益 S 越大，监管机构对互联网金融机构采取违规违法手段经营策略实施的惩罚力度 Q 越大，同时监管机构由于没有监管，而互联网金融机构违法违规经营出事后，上级政府部门对监管机构的处罚 H 越大，由于没监管对社会造成的不好的社会引导效应 N 越大，而监管机构的监管成本 C_2 越小时，此时 $\alpha = \dfrac{C_2 - S - N}{Q + pH}$ 的值越小，即监管机构越倾向于对互联网金融机构采取监管的策略。

8.3　互联网金融机构和监管机构演化博弈分析

由以上对于互联网金融机构和监管机构演化博弈过程的分析，我们可以得出以下相关的结论：

（1）当互联网金融机构为达到合规合法经营的目的，所需投入保护投资者消费者权益的相关成本越小时，因此而获得的声誉收益就越大，互联网金融机构就会选择进行合规合法的经营，从而能够使获得的收益大于花费的成本；同样对于监管机构来说，监管机构的监管成本越小，监管机构就会越倾向于采取监管的策略。

（2）当互联网金融机构因采取违规违法经营，一旦发生事故遭受到的损失越大时，互联网金融机构就会倾向于采取合规合法经营的策略；同样，当监管机构未进行监管，而违规违法经营的互联网金融机构发生事故时，监管机构受到上级政府部门的惩罚越大，会导致监管机构收益越小，监管机构也就会趋向于采取监管的策略。

（3）当监管机构对互联网金融机构的处罚力度越大，导致违规被查遭受的处罚远大于收益时，互联网金融机构也会越趋向于选择采取合规合法的经营方式；同时，由于处罚力度大，监管机构采取监管策略获得的收益越大，监管机构也就会倾向于采取监管的策略。

（4）当监管机构对互联网金融机构进行监管，使得投资者消费者权益得到保护，金融市场秩序得以保障，从而能够提高国家政府及监管机构的公信力和声誉，并且能够对社会有一个很好的秩序行为的引导作用，从而能够获得更多的隐形收益，则监管机构也会更倾向于对互联网金融机构采取监管的策略。

8.3.1　演化博弈均衡点的稳定性分析

根据上文中的复制子动态方程 8 – 8 和方程 8 – 9 可以得到该博弈系统的雅可比（Jacobian）矩阵 J 为：

$$J = \begin{bmatrix} (1-2\alpha)(-\beta Q - pL - \theta + C_1) & \alpha(1-\alpha)(-Q) \\ \beta(1-\beta)(Q + pH + N) & (1-2\beta)(\alpha Q + \alpha pH + N + S - C_2) \end{bmatrix}$$

8 – 10

根据 *Firedman* 在其研究中提出的，在一个用微分方程描述的动态系统中，其平衡点的稳定性是根据其系统所得到的雅可比矩阵的局部稳定性而得到的。

根据我们已经得到的雅可比矩阵 J，我们能够得到雅可比矩阵 J 的行列式的值为：

$$\det J = (1 - 2\alpha)(-\beta Q - pL - \theta + C_1)(1 - 2\beta)(\alpha Q + \alpha pH + N + S - C_2) + \alpha(1 - \alpha)Q \cdot \beta(1 - \beta)(Q + pH + N) \qquad 8-11$$

雅可比矩阵的迹，即特征值之和为：

$$\operatorname{tr} J = (1 - 2\alpha)(-\beta Q - pL - \theta + C_1) + (1 - 2\beta)(\alpha Q + \alpha pH + N + S - C_2) \qquad 8-12$$

由复制子动态方程 8-8 和方程 8-9 我们能够得到该系统的五个局部平衡点，分别为 $(0, 0)$、$(0, 1)$、$(1, 0)$、$(1, 1)$ 和 $\left(\dfrac{C_2 - S - N}{Q + pH}, \dfrac{-pL + C_1 - \theta}{Q}\right)$。因此我们可以得到这五个平衡点的 $\det J$ 和 $\operatorname{tr} J$ 的值如表 8-2 所示。

表 8-2　五个局部平衡点的 $\det J$ 和 $\operatorname{tr} J$ 的值

	$\det J$	$\operatorname{tr} J$
$(0, 0)$	$(-pL - \theta + C_1)(N + S - C_2)$	$(-pL - \theta + C_1) + (N + S - C_2)$
$(0, 1)$	$-(-Q - pL - \theta + C_1)(N + S - C_2)$	$(-Q - pL - \theta + C_1) - (N + S - C_2)$
$(1, 0)$	$-(-pL - \theta + C_1)(Q + pH + N + S - C_2)$	$-(-pL - \theta + C_1) + (Q + pH + N + S - C_2)$
$(1, 1)$	$(-Q - pL - \theta + C_1)(Q + pH + N + S - C_2)$	$-(-Q - pL - \theta + C_1) - (Q + pH + N + S - C_2)$
$\left(\dfrac{C_2 - S - N}{Q + pH}, \dfrac{-pL + C_1 - \theta}{Q}\right)$		0

对于离散的动态系统来说，当且仅当 $\det J > 0$，$\operatorname{tr} J < 0$ 时，该均衡点为演化的稳定策略。而此处，我们能够知道对于平衡点 $\left(\dfrac{C_2 - S - N}{Q + pH}, \dfrac{-pL + C_1 - \theta}{Q}\right)$，$\det J$ 和 $\operatorname{tr} J$ 值均为 0，因此该点为鞍点。而对于其他四个点 $(0, 0)$、$(0, 1)$、$(1, 0)$、$(1, 1)$，我们需要进一步进行稳定性分析。

（1）对于平衡点 $(0, 0)$ 来说，由于 $\det J$ 和 $\operatorname{tr} J$ 值分别为：

$$\det J = (-pL - \theta + C_1)(N + S - C_2)$$
$$\text{tr} J = (-pL - \theta + C_1) + (N + S - C_2)$$

通过对两者的符号的分析，我们可以得到（0，0）处演化博弈稳定分析的结果，结果如表 8-3 所示。

表 8-3　平衡点（0，0）处的稳定性分析结果

分析条件	$\det J$ 的符号	$\text{tr} J$ 的符号	结果
$-pL - \theta + C_1 > 0,\ N + S - C_2 > 0$	+	+	不稳定
$-pL - \theta + C_1 > 0,\ N + S - C_2 < 0$	−	不稳定	鞍点
$-pL - \theta + C_1 < 0,\ N + S - C_2 > 0$	−	不确定	鞍点
$-pL - \theta + C_1 < 0,\ N + S - C_2 < 0$	+	−	稳定

通过表 8-3 的分析结果，我们能够看到，（0，0）要成为演化博弈的稳定策略，需要满足 $-pL - \theta + C_1 < 0$，$N + S - C_2 < 0$ 的条件，此时 $-pL - \theta + C_1 < 0$，即 $\theta > -pL + C_1$，这也就表示当互联网金融机构采取合规合法经营策略时，其获得的声誉的收益大于其采取违法违规经营策略可能遭受到的损失和采取合规合法经营策略所需要的额外成本的总和。同时还要满足，$C_2 > N + S$，即监管机构的监管成本要大于其监管所获得的各方面的收益，那么此时监管机构是不会选择对互联网金融机构进行监管的。这种状态下，互联网金融机构选择合规合法的经营战略，监管机构选择不监管的战略，短期内可以达到平衡，但是由于企业对于利润最大化的追求，在没有监督的情况下，最终必然会选择违规违法的经营策略，以获得更多的不当收益。因此，平衡点（0，0）不是演化的稳定策略。

（2）对于平衡点（0，1）来说，由于 $\det J$ 和 $\text{tr} J$ 值分别为：

$$\det J = -(-Q - pL - \theta + C_1)(N + S - C_2)$$
$$\text{tr} J = (-Q - pL - \theta + C_1) - (N + S - C_2)$$

通过对两者的符号分析，我们能够得到平衡点（0，1）处的演化博弈稳定性分析结果，由于 $\beta = 1$，即监管机构是选择监管的战略，因此 $C_2 < N + S$，即 $N + S - C_2 > 0$，因此我们能够得到的分析结果如表 8-4 所示。

表 8-4　平衡点 (0, 1) 处的稳定性分析结果

分析条件	$\det J$ 的符号	$\text{tr} J$ 的符号	结果
$-Q - pL - \theta + C_1 > 0,\ N + S - C_2 > 0$	-	不确定	鞍点
$-Q - pL - \theta + C_1 < 0,\ N + S - C_2 > 0$	+	-	稳定

通过表 8-4 的分析结果，我们能够知道，(0, 1) 要成为演化博弈的稳定策略，需要满足 $-Q - pL - \theta + C_1 < 0$，即 $\theta > -Q - pL + C_1$，这意味着互联网金融机构采取合规合法经营策略所获得的声誉方面的收益，要超过其采取违规违法经营策略所需接受的惩罚和损失以及采取合规合法经营所需要的额外的成本，这是可以符合实际现实情况的。而此时 $N + S - C_2 > 0$，即监管的收益大于监管的成本，监管机构实施监管，也可以符合现实情况，因此 (0, 1) 是演化的稳定策略。在此状态下的动态演化相位如图 8-3 所示。

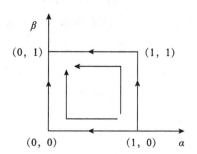

图 8-3　(0, 1) 处系统动态演化相位图

在此稳定状态下，表示的是互联网金融机构采取合法合规的经营策略，能够提高互联网金融机构的声誉，从而增加互联网金融机构的收益。与此同时，监管机构认真负责地监管，相关的监管政策也十分完善，对互联网金融机构的监管措施很充足。因此，这种状态是监管所追求的最佳状态。

（3）对于平衡点 (1, 0) 来说，由于 $\det J$ 和 $\text{tr} J$ 值分别为：

$$\det J = -(-pL - \theta + C_1)(Q + pH + N + S - C_2)$$

$$\text{tr} J = -(-pL - \theta + C_1) + (Q + pH + N + S - C_2)$$

通过对两者的符号分析，我们能够得到平衡点 (1, 0) 处的演化博弈稳定性分析结果如表 8-5 所示。

表8-5 平衡点（1，0）处的稳定性分析结果

分析条件	$\det J$ 的符号	$\mathrm{tr}J$ 的符号	结果
$-pL-\theta+C_1>0$，$Q+pH+N+S-C_2>0$	－	不确定	鞍点
$-pL-\theta+C_1>0$，$Q+pH+N+S-C_2<0$	＋	－	稳定
$-pL-\theta+C_1<0$，$Q+pH+N+S-C_2>0$	＋	＋	不稳定
$-pL-\theta+C_1<0$，$Q+pH+N+S-C_2<0$	－	不稳定	鞍点

通过表8-5的分析，我们可以发现，（1，0）要成为演化博弈的演化稳定策略，需要满足 $-pL-\theta+C_1>0$，即 $\theta<-pL+C_1$，也就是表示互联网金融机构采取合规合法经营策略的时候，其能够获得的声誉方面的收益要低于其因违规违法经营可能造成的损失和合规合法经营所需要的额外成本的总和，此时互联网金融机构会选择采取违规违法的经营策略。与此同时，$Q+pH+N+S-C_2<0$，即监管机构进行监管的成本超过监管机构进行监管能获得的所有收益之和，此时监管机构会选择不进行监管。在此条件下，监管机构不监管，互联网金融机构疯狂选择违规违法的经营策略，这也是可以满足现实状况的。因此，在上述条件下，（1，0）也是演化的稳定策略。此时，其动态演化相位图如图8-4所示。

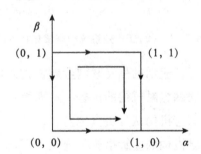

图8-4 （1，0）处系统动态演化相位图

在这一状态下，金融机构由于监管成本过高会选择不进行监管，而互联网金融机构由于采取违规违法的经营策略可以获得更多的收益，便会疯狂地采取违规违法的经营策略，双方也都为了各自的利益不管不顾。在这种状态下，整个互联网金融市场的风险会加剧，投资

者利益被严重侵害，会带来十分严重的后果，不利于整个金融市场的发展。

（4）对于平衡点（1，1）来说，由于 $\det J$ 和 $\mathrm{tr}J$ 值分别为：

$$\det J = (-Q - pL - \theta + C_1)(Q + pH + N + S - C_2)$$
$$\mathrm{tr}J = -(-Q - pL - \theta + C_1) - (Q + pH + N + S - C_2)$$

通过对两者的符号分析，我们能够得到平衡点（1，1）处的演化博弈稳定性分析结果如表 8-6 所示。

表 8-6 平衡点（1，1）处的稳定性分析结果

分析条件	$\det J$ 的符号	$\mathrm{tr}J$ 的符号	结果
$-Q - pL - \theta + C_1 > 0,\ Q + pH + N + S - C_2 > 0$	+	−	稳定
$-Q - pL - \theta + C_1 > 0,\ Q + pH + N + S - C_2 < 0$	−	不确定	鞍点
$-Q - pL - \theta + C_1 < 0,\ Q + pH + N + S - C_2 > 0$	−	不确定	鞍点
$-Q - pL - \theta + C_1 < 0,\ Q + pH + N + S - C_2 < 0$	+	+	不稳定

通过表 8-6 的分析，我们能够看出，（1，1）要成为演化博弈的演化稳定策略需要满足 $-Q - pL - \theta + C_1 > 0$，即 $\theta < -Q - pL + C_1$，也就是说互联网金融机构采取合规合法的经营策略时，其所获得的声誉方面的收益要低于其采取违规违法经营策略所可能得到的损失和惩罚，以及为合规合法经营所需要的额外成本的总和，因此互联网金融机构会选择采取违规违法的经营策略。同时，要满足 $Q + pH + N + S - C_2 > 0$，即 $C_2 < Q + pH + N + S$，也就是说监管机构进行监管的成本低于其监管能够获得的收益。在此状态下，互联网金融机构会选择违规违法的经营策略，而监管机构会选择对互联网金融机构的监管。

也就是说，在这种状态下，监管机构会选择对互联网金融机构采取严格的监管，相关的监管措施也很到位，同时互联网金融机构仍然会选择采取违规违法的手段进行经营，这其实是不能够满足实际情况的。当监管机构采取严格监管后，对于互联网金融机构来说采取违规违法的成本将会很高，而在实际的情况中，进行合规合法经营所需的维护安全方面的成本毕竟有限，因此即使声誉收益 $\theta = 0$，也能够高于其采取违规违法经营策略所可能得到的损失和惩罚，以及为合规合法

经营所需要的额外成本的总和。因此，平衡点（1，1）不是演化的稳定策略。

（5）动态演化博弈小结

由以上对于平衡点（0，0）、（0，1）、（1，0）、（1，1）的稳定性分析，我们能够得到（0，0）对应的博弈结果为互联网金融机构采取违规违法的经营策略，而监管机构选择不监管，这是不能够符合实际情况的；同样，（1，1）对应的博弈结果是监管机构采取严格的监管措施，同时互联网金融机构仍采取违规违法的经营策略，这也是不能够符合实际情况的，因此（0，0）和（1，1）都是不稳定的平衡点。而（0，1）和（1，0）则是演化博弈的稳定战略，（0，1）对应的是监管机构严格监管，监管的法律法规健全，监管措施完善，互联网金融机构完全采取合规合法的经营策略，这对于现实情况来说，是最完美的状态，也是我们实际监管活动中需要追求的一个状态；而（1，0）则是监管机构完全不进行监管，而互联网金融机构疯狂地采取违规违法的经营策略，这种状态下金融秩序会被破坏，是我们实际监管中需要去避免的一种状态。

同时，我们应该考虑到，在实际情况中，由于存在动态重复性质的博弈，即使从（0，1）和（1，0）出发的博弈群体，也会存在一部分个体选择改变博弈策略，因此演化博弈的长期均衡策略就是鞍点 $\left(\dfrac{C_2 - S - N}{Q + pH}, \dfrac{-pL + C_1 - \theta}{Q} \right)$。而此时鞍点代表的概率并不是静态博弈分析中互联网金融机构采取违规违法策略的概率和监管机构采取监管的概率，而是代表着互联网金融机构博弈群体中采取违规违法经营手段个体在群体中所占的比例，以及各级监管机构中选择监管的监管机构在群体中所占的比例，从而能够达到两个博弈群体的期望收益，而不会因为其中个体的选择而改变效果，形成稳定的均衡。从而我们能够得到互联网金融机构和监管机构完整的演化博弈动态过程，如图8-5所示（图中点 P 为鞍点）。

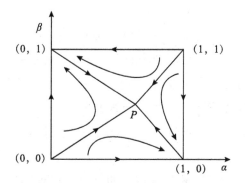

图 8-5　互联网金融机构和监管机构演化动态博弈过程

由以上演化动态博弈过程，我们能够看到，两者之间的博弈在长期博弈过程中会在鞍点达到长期博弈的均衡；而在社会的发展中，政府又会引导监管机构以及互联网金融机构去能够达到（0，1）的稳定状态，也是朝着整个行业最优的状态发展；同样，市场失灵、监管出现很大问题的情况下，两者又会达到（1，0）的均衡，此时也是整个行业发展最糟糕的状态。

8.4　结论与建议

（1）基本结论

通过对互联网金融机构和传统金融机构的关系研究，以及根据互联网金融机构的特点建立了基于经营行为选择的互联网金融机构和监管机构之间的博弈模型的分析，我们可以得出以下的结论。

① 互联网金融作为对我国资本市场融资方式的补充，对我国经济转型和发展都具有很好的推动作用，因此互联网金融的发展是国家经济发展和金融发展的必然选择，监管机构需要做的是引导其健康发展，不能因为其风险的存在而采取阻碍其发展的一些措施。

② 根据对互联网金融机构和传统金融机构的关系研究，我们能够得到监管机构在监管把握互联网金融和传统金融关系时，应该积极促进两者的合作，而不是造成两者的对立，不能过分强调互联网金融对传统金融的冲击，导致无法看到两者合作可能给传统金融机构带来的

新的机遇。

③ 根据互联网金融机构和监管机构的演化博弈模型，对于互联网金融机构来说，如采取合规合法的经营策略，能够获得的正面声誉收益越大，而进行合规合法经营所需要的维护平台安全等方面的成本越小，并且由于违规违法经营行为而被监管机构查处所受的惩罚越大，互联网金融机构就会选择进行合规合法的经营手段，从而促进该行业的健康发展。

④ 同时，对于监管机构来说，如果对互联网金融机构的监管成本越小，而监管后获得的隐形收益以及不监管给社会带来的不好的引导作用越大，而且由于监管不力，互联网金融机构出现问题时，上级政府部门对其惩罚越大时，监管机构就会选择对互联网金融机构进行认真的监管，保障行业的健康发展和安全稳定。

（2）主要建议

① 在保障互联网金融机构和传统金融机构合法权益的同时，通过监管机构的搭桥，引导双方进行合作，使双方都能够在合作上获得双赢，而不是选择通过不正当手段进行竞争，这也就能减轻监管机构的压力。

② 监管机构要加强征信体系的建设，征信体系的建设具有正的外部性效益，可以增大采取规范经营策略的互联网金融机构的正面声誉方面的收入，能够提高互联网金融发展的质量。

③ 建立互联网金融监管机构之间的协调机构或建立专门的互联网金融监管机构。由于我国目前金融监管是"分业经营，分业监管"的模式，金融监管主要仍由"一行三会"保障，在这种模式下，由于互联网金融的混业经营导致对其的监管有时无人管，有时又多人管，监管缺乏效率的同时还增加了监管成本，而建立统一的协调机构或建立专门的监管机构，能够提高监管的效率，也避免同一事件由多部门涉入造成的监管资源的浪费，降低监管的成本。

④ 发挥好中国互联网金融协会的作用，可以通过行业协会加强行业内企业之间的合作，加强在企业信息安全等方面的合作，降低企业独立开发相关网络安全保护措施的成本，同时由于具有行业约束力的

行业协会的存在，也会增加企业违规经营的成本，降低其违规的收益，有利于行业的健康发展和安全稳定。

⑤监管机构要加大对违规违法经营的互联网金融机构的惩罚力度，无论是对其经济方面的惩罚，还是对主要负责人行业禁入方面的惩罚都要加强，增加其违规违法的成本。

⑥加强互联网金融平台融资需求者以及融资项目信息的公开，以防止部分平台轻易虚构融资者和项目信息骗取投资者的投资，保护投资者的权益。

但以上建议有些仍将受到现实条件的约束，比如我国"一行三会"的监管体系已经成熟，如果要建立一个互联网金融监管机构的协调机构或者设立专门的监管机构，将会涉及很多部门的合作对接；同时对于互联网金融机构的惩罚程度的把握也涉及法律法规方面的修改，这些都不是一朝一夕甚至是一年半载就能完成的。

9　中国金融安全与公司治理

良好的公司治理应兼顾投资人、债权人和政府的利益，并使其在经营时风险不能过度。同时，要加强媒体等机构的监督，这样有利于提高效率，降低风险。[1] 由于银行在社会中扮演着特殊的角色，由公司治理不完善所带来的风险，有可能导致系统性风险甚至危及金融安全。

9.1　公司治理缺陷成为美国次贷危机爆发的重要原因

17—18 世纪重商主义出现之后，集体投资取代乡党投资产生了所有权和经营权的分离，受南海泡沫、荷兰郁金香等事件的影响，诞生了早期的公司治理。19 世纪工业革命开始，资本市场的建立要求真实的财务信息。第二次世界大战后全球进入货币经济时代，相对信用成为普遍形式，大型公众公司迅速发展。与此同时，国际会计准则委员会会计准则的出台、巴塞尔委员会的成立、OECD《公司治理》准则、美国萨班斯－奥克斯利法案的颁布以及各国促进内控的法律法规，都极大地推进了全球公司治理进程。

9.1.1　金融危机前公司治理的缺陷

公司治理实质是持续围绕着三个核心问题展开的，即权力、权

---

[1]　Weida He, Rong Hao, Chuan Zhang (2015). Influence analysis of media supervision in corporate governance. Current Science, 108 (10), 804－812.

利、权益。其中，"权力"是指支配资产或者支配别人（公司的物质和人力资本）的能力，"权利"是指个人如股东所拥有的投票表决的权利，而"权益"是指通过参与公司投资而得到的回报。权益可以用钱来量化，而权利和权力则不行，除非使用非法的手段来进行交易（贿赂）。

金融机构通常的角色是，一手拉着存款者，一手牵着借款者。由于其扮演的角色不同，与其他企业相比，其公司治理有着特殊性。股东、债权人（存款及债券持有人）、政府是其利益相关方，是金融机构过度"冒险"的最终承受者。西方学者认为 2008 年全球金融危机是金融机构过度"冒险"而造成的。这恰恰是其公司治理的糟糕之处。研究表明美国金融危机时的公司治理主要存在以下三个方面的缺陷。

（1）冒险行为超乎股东的利益

这主要是由于不当的薪酬制度造成的。通常来说设置绩效的目标，应使股东代理人动机与股东的利益相一致。作为股东代理人的高级管理层，以"绩效相关"为基础得到报酬。同时，由于控股股东所占股份较少，一般不超过 5%，前 5 大股东所占股份也就 15% 左右（见表 9 - 1）。这就出现了三个问题。

表 9 - 1　2012 年年底英美主要大型银行大股东持股比例　　　单位：%

指标	花旗集团	美国银行	富国银行	摩根大通	汇丰控股	苏格兰皇家银行	劳埃德银行
最大股东	4.29	4.3	8.35	4.47	0.46	0.17	0.12
前五大股东	16.73	15.53	22.94	16.72	1.44	0.3	0.17

资料来源：各银行官网。

一是对于代理人的激励政策很难校准，难以把握，出现委托人缺位的情况。

二是如果代理人能够影响到绩效激励政策，会导致不再与股东利益一致，而是向代理人转移财富的情况，出现所谓的"代理人"问题。

三是更多采用绩效挂钩的首席执行官报酬与银行的更冒险的行为

相关。这在以往的研究中已经证明。

总之，代理人为了追求过高的薪酬，愿意冒更大的风险。同时，由于高管薪酬通常依赖于单一年度的表现，与银行的净收入相关，并没有按新的风险进行调整，其结果是代理人只注重短期收益，往往不顾及长期成本。

（2）冒险行为超乎债权人利益

增加的风险使股东受益而伤害债权人。诚然，大的风险，使债权人遭受的损失更大。即使管理层从股东的利益出发行事，从债权人的角度看冒险程度依然可能过度。何况整个过程并无债权人说话的份，也无代理人，完全处于被动的地位。

（3）冒险行为超乎社会的利益

一是存在着系统性风险。主要表现在：一个金融机构的困境可能会引发其他金融机构的问题；整个社会的损失可能是单个机构投资者损失的很多倍，政府为金融机构担保以避免系统风险；在救助前美国的大型银行享受的利率折扣高于小型银行 0.29% 并扩大至此后的 0.78%。二是贷款合同的价格并没有完全反映政府担保带来的道德风险的社会成本。

9.1.2 危机后公司治理的反思与改进

针对金融机构公司治理中存在的问题，为应对好下一次危机，西方国家经济体和监管当局对公司治理采取了多方面的措施。主要体现在以下三个方面。

（1）加强薪酬方面的监管和约束

20 国集团。2009 年 9 月，20 国集团的匹兹堡原则声明指出，一是提高薪酬与代理人长期表现的关联度，实行浮动薪酬。同时要求，高管薪酬不应"有保证"，应相当大的比例推迟支付，并视长期表现而定，应该与风险和绩效相关联，应限制在总净收入的一定比例范围内。二是减少"单方向"的奖金发放。监管者应有能力改变那些亏损或寻求公共干预的公司的薪酬结构。三是加强监管。要求设立独立的薪酬管理委员会，并与系统性风险相挂钩。

美国。一是"薪酬沙皇"负责监督参与问题资产救助计划。二是多德－法兰克法案中规定了薪酬披露的原则。除设立独立的薪酬委员会外，须披露与薪酬咨询人员有关的利益冲突，披露高管人员对冲股票价格风险的行为，可追回因谎报会计数据带来的可变薪酬等。三是提高了联邦储备委员会对金融机构的监管力度。

欧盟。一是在相关修订法案中将薪酬作为资本监管豁免的组成部分；二是通过了欧洲银行监督机构执行关于薪酬的政策和做法，规定：金融机构必须设置浮动薪酬和固定薪酬的最高比例；浮动薪酬必须与绩效挂钩，并按风险水平调整；奖金池事先经风险调整；50%的可变薪酬应以股票形式发放。同时要求：40%～60%的可变薪酬必须延迟3～5年，在事后经风险调整后再发放，预先报酬须包括具有保留期限的股票。

英国。2010年通过的《金融服务法案》和英国金融服务监管局的薪资法案都对薪酬制度提出了改革。

（2）改革董事会结构

金融危机之后，欧盟和英国对董事会结构提出了特别的要求，但作为危机发源地的美国，对董事会的结构却没有做基本的改变。欧盟和英国的主要做法如下。

一是注重董事的作用和评价。要求非执行（独立）董事应该得到更好的训练和支持，要投入更多的时间，更多地挑战管理人员，与监管者有更多的对话；在董事的挑选方面更多地考虑性别、社会和文化等方面。同时，董事会要严格审核其自身的业绩。

二是在董事会部门设置方面，要求设置单独的风险委员会，其职责必须评估收购议案，审议向股东的年度报告。

（3）赋予股东更多的权力

关于股东的角色，有两种看法。其一是"受害者"，由于银行高管人员采用高风险以致伤害股东的利益，言下之意应促进股东对管理人员的控制权。其二是"做恶者"，在一个采用高杠杆的公司，采用高于债权人或社会认可的风险是符合股东利益的，言下之意是更多的股东控制权可能会使问题变得更糟。美国的做法是加强股东的权利，规定至少每3年进行一次"投票决定高管薪酬",以及股东提名候选人代理表决权(多德－法兰克法案,第951－971条)。英国和欧盟认为"股东缺乏兴趣",而采取了与美国不同的措施。即2010年7月英国通过了财务报告委员会管理法案,要求机构投资者应建立和披露公司的管理政策;欧盟委员会则于2010年6月通过了绿皮书。

综上,美国和欧盟的改革都认为更大的股东控制权是可取的,有着最重视股东价值的董事会,其银行和金融机构的表现却是最差的。银行存在着系统性风险,因为银行的冒险行为不仅影响股东和债权人利益,还影响广大客户群体的利益。

9.2 我国商业银行与西方商业银行的公司治理之比较

9.2.1 我国商业银行公司治理框架

2003年年底,国家注资中国建设银行、中国银行,拉开了国有商业银行股改上市的大幕。其后,工农中建四大银行,按着财务重组、公司治理改革和境内外上市三个步骤,完成上市的任务。同时,交通银行"深化股份制改革整体方案"获批,中国银行、建设银行、工商银行、交通银行和农业银行分别由国有独资商业银行改组为国有股份制商业银行,五大商业银行的治理环境、治理基础、治理模式、治理架构和运行机制逐步确立和规范。目前商业银行市场表现良好(见表9－2和表9－3),运行稳定,公司治理框架已经确立,并逐步完善。

表9－2　全球十大银行市值排名变化情况　　单位:亿美元

年份	2005		2007		2013	
排名	银行名称	市值	银行名称	市值	银行名称	市值
1	花旗集团	2460	工商银行	3390	富国银行	2391
2	美国银行	1850	建设银行	2030	摩根大通	2198
3	汇丰银行	1820	中国银行	1980	工商银行	2146

年份	2005		2007		2013	
排名	银行名称	市值	银行名称	市值	银行名称	市值
4	摩根大通	1390	汇丰银行	1980	汇丰银行	2067
5	东京三菱日联	1350	美国银行	1830	建设银行	1879
6	富国银行	1050	花旗集团	1470	美国银行	1661
7	苏格兰皇家	956	摩根大通	1470	花旗银行	1581
8	日本瑞穗集团	952	桑坦德银行	1350	农业银行	1356
9	桑坦德银行	825	意大利联合信贷	1110	中国银行	1231
10	美联银行	821	东京三菱日联	1020	澳大利亚联邦银行	1120

注：根据公开资料整理。

表 9 – 3　2013 年主要中资银行股价表现

股份名称	币种	收市	+/-	年涨跌	2013 年预测值	
					P/E	P/B
香港上市银行						
建设银行	HKD	5.85	-0.37	-5.95%	5.11	1.00
工商银行	HKD	5.24	-0.26	-4.73%	5.22	1.04
农业银行	HKD	3.81	-0.02	-0.52%	5.42	1.04
中国银行	HKD	3.57	0.11	3.18%	5.02	0.81
交通银行	HKD	5.47	-0.37	-6.34%	4.87	0.71
国内 A 股上市银行						
建设银行	RMB	4.14	-0.46	-10.00%	4.63	0.9
工商银行	RMB	3.58	-0.57	-13.73%	4.66	0.93
农业银行	RMB	2.48	-0.32	-11.43%	4.78	0.9
中国银行	RMB	2.62	-0.3	-10.27%	4.65	0.75
交通银行	RMB	3.84	-1.1	-22.27%	4.36	0.66

注：1. 根据公开资料整理。

2. 银行股价绝对水平主要取决于其每股对应的净资产或盈利水平，衡量估值水平高低主要看市盈率（P/E）和市净率（P/B）等相对指标。

治理环境得以规范。一是治理法规不断完善。股改以来，银监会相继出台了《股份制商业银行董事会尽职指引（试行）》《商业银行监事会工作指引》《股份制商业银行独立董事和外部监事制度指引》《商业银行公司治理指引》等相关法规规范。二是治理有效性评价机制建立。银监会发布了《商业银行董事履职评价办法（试行）》，建立起董事履职评价和淘汰机制。三是职工民主监督机制初步建立。建立了职工监事制度等制度规范。

治理基础显著改善。重组改制上市过程中，通过中央汇金公司代表国家出资、引进战略投资者和境内外上市等举措，五大商业银行实现了股权种类多元化。同时，中央汇金公司、财政部代表国家履行出资人权利，向五家银行派驻董事，较好地解决了长期困扰大型商业银行的产权主体虚置问题。

形成有中国特色的治理模式。在对发达国家公司治理模式扬弃的基础上，五大商业银行形成了以德日模式为基础，兼具英美模式特点，有中国特色的公司治理模式。即具有股权相对集中、董事会和监事会并存、控股股东对经营者筛选有较大决策权等德日模式特点，较好处理了"新三会"与"老三会"的关系。

建立相对规范的治理架构并不断优化。经过近几年的治理改革，五大商业银行按《公司法》和相关法规、政策要求，建立了股东大会、董事会和监事会，聘任了高管层，确立了独立董事和外部监事制度，建立了公司治理组织架构。在人员选聘上，开始关注对董事、监事、高管任职资格的考察和业绩评价，通过组织架构和人员调整，不断优化公司治理架构和董监事会成员构成。

探索市场化治理机制。一是决策机制及程序进一步明确并规范。制定完善了《公司章程》《股东大会议事规则》《董事会议事规则》《监事会议事规则》等公司治理基础性制度。二是不断强化股东大会职能。明确股东大会的最高权力机构地位，加强股东权益保障，努力保证全体股东行使职权。三是董事会战略决策能力增强。董事会下普遍设立专门委员会（见表9-4和表9-5），提高战略决策和控制能力。四是监督机制建立。独立董事和外部监事被引入到董事会和监事会。五是强化内部管理机制改革。推行风险管理和内控体系改革，以及组织机构和人力资源管理体制、激励约束机制改革。

表9-4　五大商业银行董事会专门委员会情况　　　　单位：人

行别	专门委员会合计	战略	审计（稽核）	风险	提名与薪酬（人事薪酬）		关联交易	"三农"金融	社会责任
					提名	薪酬			
工商银行	46	9	7	9	8	8	5	—	—
中国银行	38	10	8	7	6	7	—	—	—
建设银行	37	13	5	9	5	5	—	—	—
农业银行	38	9	5	7	7	3	7	—	—
交通银行	23	5	4	5	4	※	—		5

资料来源：各银行年报。

"※"表示该委员会设置于风险管理委员会之下。

表9-5　五大商业银行由独立董事担任主席的专门委员会情况

专门委员会	工商银行	中国银行	建设银行	农业银行	交通银行
战略委员会	×	×	×	×	×
审计（稽核）委员会	√	√	√	√	√
风险管理委员会	√	√	√	√	√
提名与薪酬（人事薪酬）委员会	√	√	√	√	√
关联交易委员会	√	√	√	√	※
"三农"金融委员会	—	—	—	×	—
社会责任委员会	—	—	—	—	×

资料来源：各银行年报。

注："√"表示由独立董事任主席，"×"表示未由独立董事任主席，"—"表示未设置该委员会，"※"表示该委员会设置于风险管理委员会之下。

9.2.2　我国银行公司治理的优势

（1）国有股占绝对优势，使得银行的经营行为能够符合国家整体利益。五大商业银行股权种类基本相同，涵盖了国家股、国有法人股、境外法人股和其他内资股等股权类型。截至2013年年初，工商银行、农业银行、中国银行、建设银行和交通银行国家股占比分别为70.8%、82.4%、67.7%、57.2%和31%，含国家股、国有法人股、境外法人股等在内的前五大股东合计持股比例分别为 72%、84%、68%、67% 和 52%。这与西方大银行的 5% 的控股比例相比有较大的差距，保证了商业银行的经营行为符合国家整体利益。

（2）治理架构兼具美英模式和德日模式（见表 9-6）的优点，监管有力。五大商业银行普遍搭建起三会一层公司治理架构，董事会下基本设有战略、风险、提名与薪酬、关联交易、审计（或稽核）等专门委员会，监事会下监督委员会大致覆盖履职尽职、财务与内部控制等职能，高管层下设风险、运营、业务等管理委员会。同时，交通银行比照汇丰银行的做法，在董事会下增设社会责任委员会，以保障银行战略制定和政策执行充分体现社会责任，并在监事会下单独设立承担监事提名职能的提名委员会。

表 9-6 美英模式和德日模式的主要特征

对比项目	美英模式	德日模式
股权集中度	股权结构高度分散化，没有绝对的大股东，单个股东在公司治理中作用小，对经理层的监督和控制能力有限	股权较为集中。较大部分股权分散在各大股东银行和非银行金融机构当中，法人持股比率高，机构投资者之间交叉持股
市场约束方式	股东们"用脚投票"，如果发生"敌意接管"，个人股东和小股东也能发挥作用	政府主导下的兼并重组，敌意接管不易发生，个人股东和小股东基本无法发挥作用
组织结构	"一会制"大框架下的多委员会分工负责制，决策机构与监督机构合二为一，董事会既具有决策职能，又具有监督职能	"两会制"，既有董事会又有监事会
董事会成员结构	由股东大会选举产生，基本没有劳工代表，有独立董事	在德国，出资者、企业职工及工会组织均有董事席位，参与联合决策；在日本，董事会成员主要来自银行内部高层经营者，决策与执行均由内部人员承担
对经营者的筛选	由董事会完成，董事长可以兼任总经理	在日本主要由控股股东来推动，在德国由监事会选择

对比项目	美英模式	德日模式
内部激励约束机制	管理层和普通职员的报酬与经营业绩紧密挂钩。在管理层中，股权激励占非常重要的地位。需要公开披露董事报酬情况	首先通过事业激励，主要包括职务晋升、终身雇用、荣誉称号等。其次通过薪酬激励。股权激励占比不大。即通过培养与企业共荣共损的认同性和团队精神来增强其凝聚力
与贷款企业的关系	对贷款企业的内部治理基本上持消极态度	积极参与贷款企业的内部治理，并享有很大权利

资料来源：根据公开资料整理。

（3）大股东为政府部门和政府出资设立的公司，使得商业银行的经营行为透过股权代表与国家的宏观调控政策方向保持一致。大股东董事会成员主要来自中国人民银行、财政部等国家经济部门，他们一方面要体现大股东的意志，另一方面都是长期从事经济金融工作的，对经济的运行有着理性的判断，行使起权力来能够兼顾股东、政府和债权人的利益。

（4）高管薪酬受到约束和管理，使高管人员不会因绩效而采取过度冒险行为。一方面，监管部门对高级管理人员薪酬有着明确的规定；另一方面国有大型商业银行高级管理人员目前按照国家干部管理，有着较强的自律意识。在金融危机的初始阶段，大型商业银行的董事长带头降薪，表现出较强的社会责任意识。

9.2.3 我国银行公司治理存在的问题

（1）股东结构趋同，使得发展战略和风险偏好趋同。从目前看，表9-7五大银行的大股东主要来自中央汇金公司、财政部、国企和战略投资者（见表9-7和表9-8）。战略投资者一般派一名董事，国企一般派一名监事。其他的都由中央汇金公司和财政部等派出。聘期四年。一方面，派出的董、监事，要受命于所派出机构的领导，另一方面由于聘期制，使被派出的董事在不同银行之间流动。这使得银行发展战略和风险偏好趋同，导致银行运作模式趋同，创新和个性化不足。

表9-7　五大商业银行股权结构变化　　　　单位:%

行别	时间	项目	合计	1	2	3	4	5
工商银行	2012年	前五大股东		汇金	财政部	平安人寿	工银瑞信	安邦保险
		持股比例	72	35.5	35.3	0.8	0.3	0.2
	2005年	前五大股东		财政部	汇金			
		持股比例	100	50	50			
中国银行	2012年	前五大股东		汇金	东京三菱	生命人寿保险	中国人寿	神华集团
		持股比例	68	67.72	0.19	0.12	0.11	0.04
	2005年	前五大股东		汇金	RBS	亚洲金融公司	UBS	亚洲开发银行
		持股比例	100	83.15	10	5	1.61	0.24
建设银行	2012年	前五大股东		汇金	淡马锡	国家电网	宝钢集团	美国银行
		持股比例	67	57.21	7.15	1.16	0.93	0.8
	2004年	前五大股东		汇金	建银投资	国家电网	宝钢集团	长江电力
		持股比例	100	85.23	10.65	1.55	1.54	1.03
农业银行	2012年	前五大股东		汇金	财政部	社保基金	平安人寿	中国人寿
		持股比例	84	40.21	39.21	3.02	1.38	0.42
	2009年	前五大股东		财政部	汇金			
		持股比例	100	50	50			
交通银行	2012年	前五大股东		财政部	汇丰银行	社保基金	首都机场	上海海烟
		持股比例	52	26.53	18.7	4.42	1.68	1.09
	2005年	前五大股东		财政部	汇丰银行	社保基金	汇金	首都机场
		持股比例	63	21.78	19.9	12.13	6.55	2.15

资料来源:各银行年报。

表9-8　五大商业银行董事会结构情况　　　单位:人、%

指标	工商银行	中国银行	建设银行	农业银行	交通银行
执行董事人数	4	4	4	4	4
非执行董事人数	6	6	6	6	7
独立董事人数	6	6	5	4	6
董事会人数	16	16	15	14	17

指标	工商银行	中国银行	建设银行	农业银行	交通银行
执行董事人数占比	25.0	25.0	26.7	28.6	23.5
非执行董事人数占比	37.5	37.5	40.0	42.9	41.2
独立董事人数占比	37.5	37.5	33.3	28.6	35.3

资料来源：各银行年报。

（2）高管薪酬趋同，激励差异化不足。由于五大银行都受命于一个大股东，高管薪酬，包括董事长、监事长在内是大体相当的。也就是说公司的业绩与高管薪酬相比并无激励作用。真正的激励在于高管们的个人品牌价值增值。

（3）高管由非市场化因素产生，不能体现其市场价值。现有体制董事长、监事长、行长，以及部分执行董事仍普遍采取任命制，缺乏市场化的人才配置机制，一方面可供选用的人才不多，另一方面人才的配置效率不高。

（4）在总行、分行体制下形成的逐级授权和代理，导致因信息不对称而形成多战略、多目标的现象。在某种程度上存在着区域经营风险。

（5）在党委会、董事会、监事会、高管层的共治下，一方面协调成本高，另一方面有效制约不足。在党委会内，董事长是书记，监事长和行长是副书记，是所谓的"双边多数"，在保证决策效率的同时，制约则显得不足。

9.2.4 我国商业银行公司治理的改进建议

随着商业银行改革进入攻坚阶段，越来越触及到深层次的体制机制问题，迫切需求进一步推进公司治理建设，对于如何进一步加强公司治理的监督制衡机制、激励约束机制和风险内控机制，需要加强研究，鼓励新的尝试和创新。

（1）加强资本规划研究和管理，统筹股本的规模和市场结构，利用普通股再融资、优先股及创新资本工具发行的机会，进一步优化股权结构，扩大不同机构投资者的范围和代表性，进而改善公司治理结构。通常情况下，过于分散的股权结构易致股东约束失效，而过于集中的股权结构易引致大股东控制，均不利于公司治理效率提高。实证研究表明，相比于股权高度集中与高度分散，适度集中的股权结构所形成的股东分权制衡更有利于银行构筑高效的公司治理机制。建议选择合适时机进一步优化商业银行股权结构，在股权结构与分权约束的渐进平衡中提升中小股东股东大会参会人数及股份比例，改善公司治理效力。

（2）进一步协调好党委会、董事会、监事会和高管层之间的关系，明确其各自的职责边界，确保其发挥应尽的责任。做到不越界、不揽权、不专权，相互促进、相互制约，保障合规和效率。

（3）优化董监事会结构。建议充分借鉴境内外大型商业银行在独立董事、"非股权监事"选聘方面的先进做法，继续优化董监事会结构，提高董监事会的独立性及监督制衡力。

（4）完善股东大会运作机制。进一步提升中小投资者股东大会参会比例，以保护中小股东决策参与权、建议权和质询权，持续完善股东大会运作机制。

（5）提高独立董事尽职能力。独立董事的作用体现在以公正的立场发挥专家的作用，防止董事会流于形式和大股东控制下的内部人控制等情况发生。一是进一步优化独立董事选聘机制，形成独立董事专家库，广泛吸收行业精英和国内外专家人才。二是加强与独立董事信息沟通，加大提供给独立董事的信息量和频率，使其及时充分了解经营管理情况。三是建立独立董事提议落实反馈机制。鼓励独立董事对董事会审议事项发表客观、公正的独立意见。四是加强独立董事履职评价机制。要进一步完善独立董事考核办法，防止出现独立董事在重大问题决策中作为不积极等问题。

（6）研究和实施高级管理人员和不同职级员工的激励约束问题，解决干好干坏差别不大问题，以及长期激励不足问题。这个问题的解决，有利于保持薪酬上的竞争力，有利于吸引和留住人才，推进海外战略。

（7）研究解决在总行、分行层级管理体制下的治理问题，防止因区域风险导致银行出现危机，进而引发系统性风险。

9.3 中国商业银行股本规模绩效评价

股本是公司资产规模的另一种体现，总股本即股份公司发行的全部股票的股份总数，股本的变动也会牵动企业资产价值的变动。股本结构也关系到公司治理的硬约束。对于商业银行来说，股本规模还决定商业银行总的经营规模。当资本充足率达不到监管要求时，意味着银行风险程度增加，商业银行要么补充资本，要么出售资产缩小经营规模。那么，股本规模扩张是否能促使上市企业的业绩迅速提升呢？是否能提高上市企业的财务绩效呢？本节以我国 16 家上市银行为例，对股本规模与财务绩效的关系进行实证研究。

9.3.1 银行绩效研究概述

财务绩效是企业经营管理水平的体现，是衡量企业是否盈利、是否稳健运营、是否具有坚强的抗风险能力等综合能力的指标，也是企业的投资、筹资及融资活动是否平衡的体现。银行跟一般企业一样，也要追求利润最大化与成本最小化，同时将风险控制在能力范围之内。对于上市银行而言，内外部因素所造成的影响则更为敏感，很可能直接就影响到股价与资产的变动。所以，财务绩效的高低是衡量上市银行质素的重要指标。

20 世纪 50 年代前后，商业银行开始引入绩效评价管理。Farrell 最早提出数据包络分析（DEA），通过求解成本最小化计算成本效率，或通过求解利润最大化来计算利润效率，然后利用成本效率或利润效率度量银行业的效率。1903 年，杜邦公司首创了著名的以净资产收益率（ROE）为核心的杜邦财务体系分析系统，1972 年，杜邦分析系统被运用到银行管理领域，引起了银行管理的变革。1928 年，沃尔提出了沃尔评分法，1979 年，美联储创立了骆驼评价体系（CAMELS），此体系目前被国外金融监管机构广泛应用。1982 年，美国的斯腾思·斯图尔特咨询公司建立了 EVA 管理体系对企业绩效进行评价。除此之外，银行绩效评价方法还有平衡计分卡、主成分分析法、层次分析法、因子分析法等。

近些年国内关于银行绩效的研究较多，学者们一方面从不同因素与银行绩效的关系进行探讨，另一方面运用不同方法构建了银行绩效指标体系并予以评价。各种因素与银行绩效关系的研究有：商业银行利益相关者关系与商业银行财务绩效的关系的研究、我国银行业社会责任与财务绩效之间的关系研究、商业银行股权结构与绩效的关系研究、银行行长薪酬激励与银行绩效之间的关系研究，《巴塞尔协议Ⅲ》、风险厌恶与银行绩效的关系研究、产权结构、银行家模式与银行绩效关系的研究；市场、股权和资本三种结构变量与银行业绩效的关系研究等。

因子分析法（Factor Analysis Method）指从研究指标相关矩阵内部的依赖关系出发，把一些信息重叠、具有错综复杂关系的变量归结为少数几个不相关的综合因子的一种多元统计分析方法。基本思想是：根据相关性大小把变量分组，使得同组内的变量之间相关性较高，但不同组的变量不相关或相关性较低，每组变量代表一个基本结构，即公共因子。因子分析具体的操作是将观测变量进行分类，将相关度较高、内在联系比较紧密的划归为同一类，具有很强的归纳性、较强的针对性，因此本研究选用此方法。

关于因子分析模型表述如下：

（1）$X = (x_1, K, x_n)$ 是可观测的随机向量，均值向量 $E(X) = 0$，协方差阵 $Cov(X) = \Sigma$，且协方差阵 Σ 与相关矩阵 R 相等（将变量标准化）；

（2）$F = (F_1, K, F_n)(m < n)$ 是不可测的向量，其均值向量 $E(F) = 0$，协方差矩阵 $Cov(F) = I$，即向量的各分量是相互独立的；

（3）$e = (e_1, e_2, K, e_n)$ 与 F 相互独立，且 $E(e) = 0, e$ 的协方差阵 Σ 是对角阵，即各分量 e 之间是相互独立的，则模型：

$$X_1 = a_{11}F_1 + a_{12}F_2 + Ka_{1m}F_m + e_1$$
$$X_2 = a_{21}F_1 + a_{22}F_2 + Ka_{2m}F_m + e_2$$
$$\vdots$$

$$X_n = a_{n1}F_1 + a_{n2}F_2 + Ka_{nm}F_m + e_n$$

称为因子分析模型，因该模型是针对变量进行的，各因子又是正交的，所以也称 R 型正交因子模型。其矩阵形式为：$X = AF + e$

其中，$m < p$；$Cov\ (F,\ e) = 0$，即 F 和 e 不相关；$D\ (F) = Im$，即 F_1，F_2，K，F_m 不相关且方差均为 1；$D\ (e) = n$，即 e_1，e_2，K，e_n 不相关，且方差不同。我们把 F 称为 X 的公共因子或潜因子，矩阵 A 称为因子载荷矩阵，e 称为 X 的特殊因子。$A = (a_{ij})$，a_{ij} 为因子载荷。数学上证明，因子载荷 a_{ij} 就是第 i 个变量与第 j 因子的相关系数，反映了第 i 个变量在第 j 因子上的重要性[94]。

9.3.2　实证研究

（1）财务绩效的计算与评价

① 财务绩效指标的确定

针对商业银行财务绩效评价的研究已比较成熟，一般从银行的盈利能力、流动性、成长能力、营运能力、安全指标、偿债能力这些方面来构建评价体系。本研究以新会计准则的思想为基准，并基于上市银行的特点，选择上市银行的盈利指标（总资产收益率、主营业务利润率）、流动性指标（净利润现金比率）、发展能力（每股收益增长率、营业收入增长率）、收益质量（经营活动净收益/利润总额、价值变动净收益/利润总额）、营运能力（总资产周转率）和偿债能力（资产负债率、产权比率、权益乘数）这六个维度十二个指标进行分析评价。

② 样本选择

本文以国内 16 家上市银行作为研究样本，从聚源数据库选取了2009—2013 年各季度及年报的重要财务绩效指标数据进行分析。16家银行分别为：平安银行（000001）、宁波银行（002142）、浦发银行（600000）、华夏银行（600015）、民生银行（600016）、招商银行（600036）、南京银行（601009）、兴业银行（601166）、北京银行（601169）、农业银行（601288）、交通银行（601328）、工商银行（601398）、光大银行（601818）、建设银行（601939）、中国银行

（601988）、中信银行（601998）。因光大银行和农业银行 2010 年才上市，数据有少量缺失，在数据整理统计过程中已加以修正。

③ 基于因子分析的财务绩效评价

运用 PASW Statistics 18.0 对上述 16 家银行的 12 个财务指标进行因子分析，得出结果见表 9 - 9。

表 9 - 9　KMO 和 Bartlett 的检验

取样足够度的 Kaiser - Meyer - Olkin 度量		0.594
Bartlett 球形检验	近似卡方	4358.887
	df	66
	Sig.	0.000

由表 9 - 9 可知，样本数据得出的 KMO（Kaiser - Meyer - Olkin）值为 0.594，已大于 0.5 且接近 0.6；Barttlett 球形检验的近似卡方值很大；Sig 值为 0，是多元正态分布，显著水平很小，表明原始变量间的共同因子较多，因此可以做因子分析。用主成分分析法提取因子，提取的因子数目中绝大多数都在 80% 以上，且有 7 个已超过 90%，说明提取的公因子解释能力非常强，能很好地概括量表内的信息。

提取的因子数目中初始特征值大于 1 的有 4 个，这 4 个因子的特征值 3.822、2.476、1.894、1.585 分别解释了原有 12 个变量的总方差的 31.849%、20.635%、15.785%、13.210%。4 个因子解释原有变量的累计方差贡献率达 81.479%，大于 80%，解释和描述原有变量的效果较好，即足够解释上市银行的财务绩效表现，且旋转平方和载入的结果也大致相同（见表 9 - 10）。

表 9 - 10　解释的总方差

成分	初始特征值			提取平方和载入			旋转平方和载入		
	合计	方差的 %	累积 %	合计	方差的 %	累积 %	合计	方差的 %	累积 %
1	3.822	31.849	31.849	3.822	31.849	31.849	3.299	27.496	27.496
2	2.476	20.635	52.484	2.476	20.635	52.484	2.434	20.279	47.775
3	1.894	15.785	68.269	1.894	15.785	68.269	2.060	17.170	64.945
4	1.585	13.210	81.479	1.585	13.210	81.479	1.984	16.534	81.479

成分	初始特征值			提取平方和载入			旋转平方和载入		
	合计	方差的%	累积%	合计	方差的%	累积%	合计	方差的%	累积%
5	0.850	7.079	88.558						
6	0.674	5.621	94.179						
7	0.489	4.075	98.254						
8	0.094	0.780	99.033						
9	0.059	0.492	99.526						
10	0.040	0.330	99.855						
11	0.016	0.133	99.989						
12	0.001	0.011	100.000						

提取方法：主成分分析。

　　旋转后的因子载荷矩阵可以参见表9－11和表9－12。由此可以看出，产权比率、权益乘数、资产负债率指标在第一个因子上有很大载荷，这三个指标都反映偿债能力；经营活动净收益/利润总额在第二个因子上有很大载荷，净利润现金比率也有较好的载荷，分别反映了收益质量和流动性；每股收益增长率、净利润增长率在第三个因子上有很大载荷，都是反映企业发展能力；总资产收益率、总资产周转率在第四个因子上有很大载荷，分别反映盈利能力和营运能力。

表9－11　旋转成分矩阵

	成分			
	1	2	3	4
总资产收益率 X_1	−0.190	0.125	0.041	0.947
主营业务利润率 X_2	−0.605	0.399	−0.049	−0.194
净利润现金比率 X_3	−0.077	0.653	0.077	0.134
每股收益增长率 X_4	0.082	−0.006	0.956	0.036
营业收入增长率 X_5	−0.105	0.328	0.423	0.037
净利润增长率 X_6	0.132	0.023	0.971	0.054
经营活动净收益/利润总额 X_7	0.002	0.938	0.013	0.013
价值变动净收益/利润总额 X_8	0.196	−0.910	−0.074	−0.037

	成分			
	1	2	3	4
总资产周转率（次）X_9	0.003	0.048	0.069	0.992
产权比率 X_{10}	0.974	-0.091	0.040	-0.126
权益乘数 X_{11}	0.973	-0.085	0.039	-0.127
资产负债率 X_{12}	0.961	-0.010	0.036	-0.095

提取方法：主成分。

旋转法：具有 Kaiser 标准化的正交旋转法。

a. 旋转在 5 次迭代后收敛。

表 9-12　成分得分系数矩阵

	成分			
	1	2	3	4
总资产收益率 X_1	0.006	0.006	-0.033	0.481
主营业务利润率 X_2	-0.174	0.130	-0.002	-0.150
净利润现金比率 X_3	0.042	0.277	-0.008	0.041
每股收益增长率 X_4	-0.032	-0.061	0.479	-0.033
营业收入增长率 X_5	-0.028	0.108	0.198	-0.023
净利润增长率 X_6	-0.013	-0.045	0.481	-0.023
经营活动净收益/利润总额 X_7	0.092	0.421	-0.058	-0.023
价值变动净收益/利润总额 X_8	-0.021	-0.384	0.014	0.026
总资产周转率（次）X_9	0.065	-0.013	-0.028	0.518
产权比率 X_{10}	0.309	0.056	-0.029	-0.004
权益乘数 X_{11}	0.309	0.058	-0.029	-0.005
资产负债率 X_{12}	0.315	0.090	-0.037	0.009

提取方法：主成分。

旋转法：具有 Kaiser 标准化的正交旋转法。

④ 财务绩效分值的计算

根据各个因子所对应的原始变量的得分系数矩阵（见表 9-12），得出 4 个因子和 12 个指标之间的线性关系组合如下：

$$F_1 = 0.006x_1 - 0.174x_2 + 0.042x_3 - 0.032x_4 - 0.028x_5 - 0.013x_6 +$$

$$0.092x_7 - 0.021x_8 + 0.065x_9 + 0.309x_{10} + 0.309x_{11} + 0.315x_{12}$$

$$F_2 = 0.006x_1 + 0.130x_2 + 0.277x_3 - 0.061x_4 + 0.018x_5 - 0.045x_6 + 0.421x_7 - 0.384x_8 - 0.013x_9 + 0.056x_{10} + 0.058x_{11} + 0.090x_{12}$$

$$F_3 = -0.033x_1 - 0.002x_2 - 0.008x_3 + 0.479x_4 + 0.198x_5 + 0.481x_6 - 0.058x_7 + 0.014x_8 - 0.028x_9 - 0.029x_{10} - 0.029x_{11} - 0.037x_{12}$$

$$F_4 = 0.481x_1 - 0.150x_2 + 0.041x_3 - 0.033x_4 - 0.023x_5 - 0.023x_6 - 0.023x_7 + 0.026x_8 + 0.518x_9 - 0.004x_{10} - 0.005x_{11} + 0.009x_{12}$$

由以上组合式，我们可任取一年各家银行的原始数据，从而计算出每家银行在公因子上的得分。计算出公因子得分后，以各因子的方差贡献率占4个因子总方差贡献率的比重（见表9-10）作为权重进行加权汇总，得出各家银行财务绩效的综合得分F：

$$F = (27.496F_1 + 20.279F_2 + 17.170F_3 + 16.534F_4)/81.479$$

以2012年年底财务指标数据为例，计算出各公因子及综合得分结果如表9-13所示。

表9-13　2012年年底各上市银行财务绩效因子得分及排序

名称	代码	F_1	F_2	F_3	F_4	F综合	排名
平安银行	000001	649.1132	544.7662	-50.3683	39.6697	352.0712	1
宁波银行	002142	574.0851	473.5439	-36.6601	31.9980	310.3578	3
浦发银行	600000	561.1838	226.5561	-37.7394	-6.1227	236.5692	6
华夏银行	600015	651.8688	366.3439	-35.7340	13.0867	306.2838	4
民生银行	600016	608.1727	140.7810	-34.3011	-19.3133	229.1258	8
招商银行	600036	550.5469	134.4529	-39.0711	6.5633	212.3501	9
南京银行	601009	442.7910	202.0111	-25.6713	-4.2316	193.4342	13
兴业银行	601166	608.8543	254.8202	-32.9666	-4.7138	260.9823	5
北京银行	601169	483.2661	129.8605	-29.2673	-17.7871	185.6271	14
农业银行	601288	560.2363	213.6387	-44.7884	-5.5168	231.6720	7
交通银行	601328	436.5404	165.4492	-41.1900	-8.6625	178.0557	15
工商银行	601398	492.5091	200.5277	-38.8910	-7.0038	206.4946	10
光大银行	601818	668.5676	484.3850	-45.0844	28.7470	342.5052	2
建设银行	601939	467.5267	186.3562	-34.3508	-7.7373	195.3448	12
中国银行	601988	483.1746	183.2176	-40.8178	-7.3863	198.5527	11
中信银行	601998	455.5125	82.4676	-38.8802	-21.2577	161.7360	16

（2）不同股本规模的财务绩效比较

为了研究股本规模与财务绩效的关系，依据上述方法，分别计算出 16 家上市银行从 2009—2012 年各年末以及 2013 年 1 季度的财务绩效得分，并找出对应时间节点各家上市银行的总股本数。

首先，将财务绩效和总股本这两组变量进行 Pearson 相关分析。基于每年的宏观经济环境、国家政策及国民生产投资等背景情况有差异，将每一年的财务绩效与总股本数据分别进行相关性分析，得出 2009 年年底、2010 年年底、2011 年年底、2012 年年底及 2013 年 1 季度各银行财务绩效与总股本的 Pearson 相关性系数分别为：-0.326、-0.328、-0.328、-0.331 和 -0.333，相关系数的绝对值均大于 0.3，存在负相关，即反向关系。可以理解为，总股本数对上市银行可能不是最直观最显著最重要的影响，但仍然存在反向的间接影响。

因此，接下来按总股本数大小对上市银行进行排序，分析发现，从 2009 年至 2013 年，上市银行的总股本数大小变化规律基本一致，总股本数很明显的形成了三个等级，我们依此将银行划分为三类：1000 亿股以上的归为大股本银行，130 亿 ~ 999 亿股以上的归为中股本银行，130 亿股以下的归为小股本银行。

然后，对每年不同类别银行的绩效分值进行分析，按大、中、小三类分别计算绩效分值，结果显示：大股本银行的平均绩效分最低，小股本银行的平均绩效分最高，中股本银行的平均绩效分居中（见表 9 - 14）。

表 9 - 14 2012—2013 年上市银行总股本数与财务绩效分值比较

类别	2012 年年底				2013 年 1 季度			
	名称	总股本（万股）	绩效分	均值	名称	总股本（万股）	绩效分	均值
大股行	工商银行	34961876	206.49	208.02	工商银行	34964271	232.39	207.33
	农业银行	32479412	231.67		农业银行	32479412	260.54	
	中国银行	27914734	198.55		中国银行	27914752	173.26	
	建设银行	25001098	195.34		建设银行	25001098	163.15	

类别	2012 年年底				2013 年 1 季度			
	名称	总股本 (万股)	绩效分	均值	名称	总股本 (万股)	绩效分	均值
中股行	交通银行	7426272.7	178.06	226.72	交通银行	7426272.7	183.03	235.04
	中信银行	4678732.7	161.74		中信银行	4678732.7	125.57	
	光大银行	4043479	342.51		光大银行	4043479	324.24	
	民生银行	2836558.5	229.13		民生银行	2836558.5	246.83	
	招商银行	2157660.9	212.35		招商银行	2157660.9	205.17	
	浦发银行	1865347.1	236.57		浦发银行	1865347.1	325.38	
小股行	兴业银行	1078641.1	260.98	268.13	兴业银行	1270155.8	337.12	287.28
	北京银行	880015.95	185.63		北京银行	880015.95	184.55	
	华夏银行	684972.58	306.28		平安银行	819736.07	282.35	
	平安银行	512335.04	352.07		华夏银行	684972.58	195.65	
	南京银行	296893.32	193.43		南京银行	296893.32	417.67	
	宁波银行	288382.05	310.36		宁波银行	288382.05	306.34	

最后，分别将五年来所有大股本、中股本和小股本银行的总股本数和财务绩效分值进行描述性统计分析（见表 9－15），仍得出：小股本银行绩效均值最大，中股本银行绩效均值次之，大股本银行的绩效均值最小；小股本和中股本银行绩效分的极大值远远超过大股本银行，大股本银行的绩效极大值小，但标准差小，分布比较平均。

表 9－15　大中小股本公司财务绩效描述统计量

	N	极小值	极大值	均值	标准差
大股本	19	2.3369E7	3.4964E7	2.965642E7	4.1762086E6
绩效	19	163.1472	260.5438	212.223575	24.2408718
中股本	28	1.4349E6	7.4263E6	3.585682E6	1.6765634E6
绩效	28	125.5695	695.8782	250.782975	99.7831719
小股本	31	183675.1340	1.2702E6	5.602980E5	2.8351249E5
绩效	31	103.5348	494.7552	278.952434	82.3039610

结论：股本规模与财务绩效负相关，上市银行股本越小，财务绩效越高；股本越大，财务绩效反而越低。股本小的是小公司，股本大

的则是大公司，也就是说，小规模银行的业绩高于大规模银行。究其原因，可能因为小规模银行成长性好，效益高；大规模银行虽然利润总额大，但盈利能力没那么强，因为利润被稀释掉了。一般大规模银行的业务量大，营业收入高，其利润绝对量肯定大，但随着股本的变大，业绩的相对量却变少了，还不如小规模银行的高。

9.4　本章小结

由于金融机构的特殊性，存在因公司治理不完善而形成的系统风险，危及金融安全乃至经济安全。金融机构的冒险行为不仅影响银行的股东和债权人，还会诱发金融危机。世界金融演变史告诉我们，银行公司治理不仅关系到一家公司的生存和发展，而且还直接影响一个国家金融体系的稳定。对一家银行来说，是否具有完善的公司治理，决定了它的生死存亡。在资本市场上，一家公司治理健全的银行，可以得到投资者的青睐，能比较容易地以较低成本筹集到较大数额的资金，从而能较快地发展。反之，公司治理不健全的银行，就较难取得投资者的信任，其筹资成本也相对较高，在竞争中处于很不利的地位。因此，银行之间的竞争在一定程度上就是公司治理的较量。

从股本规模与财务绩效的关系来看，上市银行股本越小，财务绩效越高；股本越大，财务绩效反而越低。这只是单纯地从财务指标来看。在我国，大银行与小银行所扮演的角色不同，承担的社会责任也不同，比如大银行往往扮演宏观调控执行者的角色，小银行则宽松得多。同时，由于小银行承受能力弱，往往是监管部门照顾的对象。换句话说，大银行要承担的监管成本更高。从股票市场上看，由于大银行股本规模大，投机炒作的机会少，其股价所反映的资本效率比小银行要低。当然，大银行层级多、决策流程长，不灵活也是事实。本章实证研究所反映的结论，给大银行在规划股本规模时提供了借鉴，但真正改变股本规模与财务绩效负相关的关系，还需要切实提高财务绩效本身。

10　中国金融安全操作风险的实证分析

由于传统的银行业务主要面临的是客户违约导致的信用风险和价格波动导致的市场风险，因此早前银行业对于操作风险的重视不够，操作风险管理手段和方法也相对有限。直到 20 世纪 90 年代，随着巴林银行事件、"9·11"恐怖袭击事件等重大事件对银行业的冲击，越来越多的银行业监管机构和银行意识到，除了信用风险和市场风险以外，还有一类风险正日益威胁着银行的正常运营安全，严重时甚至会导致银行关闭破产。这类风险或源自银行内部人员、系统，或源自外部的不可抗力和突发事件，即操作风险。

2004 年 6 月，巴塞尔委员会正式发布《新巴塞尔资本协议》，这是银行业的一个里程碑。它首次将操作风险纳入资本管理的框架，需要在第一支柱下计算操作风险监管资本，并作为银行计算资本充足率的一个重要组成部分。至此，操作风险与信用风险、市场风险成为银行的三大实质性风险。商业银行操作风险管理也成为风险管理的一项重要内容。

随着监管当局对操作风险越来越重视，银行业和学术界对于操作风险的研究也在不断深入。这些研究成果主要集中于两个方面，一是商业银行操作风险管理的理念、方式、工具等，主要是通过介绍操作风险管理的新思想、新方法、相关经验以供商业银行吸收和借鉴，以促使银行提升操作风险管理水平；二是商业银行操作风险资本计量的方法、流程、技术等，主要是通过资本约束机制倒逼银行改进操作风险管理能力，以减少操作风险监管资本占用水平。

第一类研究成果包括：张海鹏（2010）指出《新巴塞尔资本协议》对操作风险管理的框架是建立在先进的实践经验基础上的，是对商业银行操作风险管理的总结和归纳，是商业银行进行操作风险管理的纲领性文件，指出了商业银行操作风险管理的方向。兰琳（2012）从操作风险的定义中寻求操作风险和内部控制之间的关系，并对我国商业银行的操作风险现状进行研究，提出了完善和构建我国商业银行操作风险内部控制体系的措施。王修华，黄满池（2004）总结了新资本协议框架下我国商业银行操作风险管理的思路。李宝宝（2011）介绍了国内外在商业银行操作风险管理领域研究的现况，指出研究中尚存在的问题与不足。钱浩辉，徐学峰（2011）对我国商业银行操作风险管理中存在的现实问题进行了解析，为我国商业银行更好地提升操作风险管理水平，提供了参考与借鉴。

第二类研究成果包括：李顺利（2013）就目前学者们对商业银行的操作风险研究方面，做了梳理，并且围绕操作风险度量这一主题，基于损失分布法度量模型来回顾近几年有关操作风险度量的研究，为后续的研究提供了参考价值。陆静，张佳（2013）将非寿险精算的信度理论应用于操作风险测量，推导了操作风险计量的信度模型，并在此基础上采用中国商业银行1990—2010年的数据对操作风险资本进行了实证分析。明瑞星、谢铨（2013）应用尾相 Copula 函数分析我国商业银行各类操作风险之间的相关性结构，运用极值理论的 POT 模型有效地捕捉损失的厚尾性，进而构建计算操作风险总体 VaR 值的尾相关 Copula 模型。杨旭（2006）针对银行操作风险损失分布的厚尾性和损失事件之间的尾部相依性，用单变量极值理论建立了单个损失事件计量模型，然后用多变量极值的连接函数反映了损失事件之间的尾部相依性，避免了计量中对银行操作风险的低估和对监管资本要求的高估。吴恒煜等（2011）基于 Studentt – Copula 的极值理论研究我国商业银行面临的操作风险。钟伟（2004）等初步介绍了操作风险资本计量的原理和方法。屈华（2010）介绍了商业银行实施高级计量法的工作流程和一些挑战。

本章主要针对操作风险监管进行研究，在对操作风险相关概念、特征等基础知识进行整体介绍的情况下，充分阐述了操作风险对金融安全的重要影响，以及银监会对于操作风险监管的主要思路和方法，然后介绍了操作风险高级计量法的理论知识，最后通过一个实例说明如何利用高级计量法实现操作风险监管资本计算的工作流程，并在其中引入了一些重要的技术方法。

10.1 操作风险分析

操作风险作为商业银行面临的一类重要的风险，直接影响着商业银行的运营安全。在全面深入阐述如何开展操作风险监管之前，首先需要介绍一下操作风险的相关知识，这是后续进行操作风险监管的基础。

10.1.1 操作风险定义

自诞生操作风险的概念以来，不同国家的金融机构间就存在诸多差异。流程和程序、人员违规和人为错误、业务中断和系统崩溃、自然灾害和外部侵害、直接和间接损失等，都是操作风险定义中频繁出现的关键词。几乎所有操作风险定义都强调内部运营，甚至将外部事件也列入操作风险因素。此外，很多定义在提到损失时，指的都不只是操作或事件带来的直接损失，还将经由银行信誉和市场价值变化而导致的间接损失包括在内。许多银行将操作风险定义为无法归入市场风险或信用风险的风险，也有一些银行将操作风险定义为操作性风险或是与运营部门有关的风险。迄今为止，不同组织和机构提出了一些不同的操作风险定义，这些定义有广义、狭义和折中定义三种情况。

第一种定义是广义的定义。这个定义认为除市场和信用风险之外的所有风险都是操作风险。这样的风险定义过于宽泛，造成难以系统识别和准确计量；同时造成定义的范畴存在重叠或遗漏。因此，一般认为这个定义的范围过大。

第二种定义处于另一个极端，即最狭义的定义。这个定义认为操作风险就是业务操作过程中的风险，也称操作性风险。主要指操作差错、系统的失灵、交易过程和系统中技术故障以及技术崩溃等。但是，这个定义只局限于经营过程中，只能体现操作风险的一部分，没有包括内部欺诈、不适当销售或者模型风险等一些重要风险，还有就是如"9·11事件"一类突发事件给银行造成的巨大风险也未能覆盖。因此，一般认为这个定义的范围过小。

第三种定义的范围介于前两者之间，并逐渐为各国金融机构所接受，比如英国银行家协会（BBA）将操作风险定义为"由于不完善或有问题的内部程序、人员及系统或外部事件所造成直接或间接损失的风险"。这个定义得到了较为广泛的认可和应用，从2001年巴塞尔委员会发布关于操作风险的咨询报告直到最终定稿的新资本协议，也基本沿用了这一定义。由于间接损失不太好衡量，因此在最终定义中干脆去掉了"直接或间接"的提法，从而将操作风险定义为"由于不完善或有问题的内部程序、人员及系统或外部事件所造成损失的风险"。

需要特别说明的是，战略风险和声誉风险不属于操作风险。银行战略由投资者和决策层确定，往往是各类风险的"因"，战略决策的做出或决策的执行可能衍生操作风险事件，也可能衍生声誉风险、市场风险等风险事件。因此战略风险的管理与操作风险的管理在方法上会有比较大的不同，战略风险问题也无法通过操作风险管理手段加以解决。也正因为此，战略风险的损失不能作为操作风险损失进行报告。

战略风险的例子有：重大投资决策，如对新业务、产品、市场、项目等进行投资；并购和收购决定，如收购一家外资银行作为其子公司；区域或地方策略，如分支机构或处理中心的开业或关闭等；人员雇用或终止决定，如大面积裁员。

与此同时，声誉风险是各种风险的"果"，信用风险、市场风险、操作风险以及流动性风险皆有引发声誉风险的可能。尽管在巴塞尔委员会及操作风险的定义中明确排除了声誉风险，但是很多声誉风险的损失都是来自操作风险方面的差错和丑闻，重大的操作风险事件在披露后往往都会带来一定的声誉损失。新巴塞尔资本协议中把声誉风险排除出操作风险更多是基于资本计量的考虑（难以量化）。在日常操作风险管理中，银行没有必要把声誉风险特别排除，在操作风险管理中永远不要低估其可能带来的声誉损失。

10.1.2 操作风险特征

操作风险与信用风险、市场风险相比，有很多属于其自身的特征，这些特征也决定了操作风险的管理与信用、市场风险相比有较大差异。这些特征包括四个方面。

一是内生性。除自然灾害、恐怖袭击等外部事件引起的操作风险损失外，操作风险大多是银行的内生风险，如内部人员因素、流程缺陷或系统故障等（见图10-1）。而信用风险和市场风险则不然，它们更多的是一种外生风险，信用风险源自客户或交易对手方的违约，市场风险主要来源于市场上的各种价格波动。

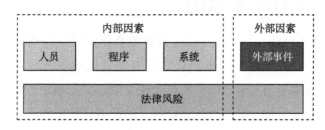

图 10-1 操作风险影响因素的分类

二是多样性。这种多样性表现在几个方面，第一是引发因素多样，如多样化的产品、产品营销渠道的拓展、新技术的应用、人员的流动、人员素质与技能的差异以及法律规章的变化等都可能引起操作风险；第二是表现形式多样，有内部人员的违规、欺诈，系统宕机，也有自然灾害，外部侵害等；第三是损失形态多样，既有实物资产损失、法律责任，也有客户赔偿、监管处罚等。

三是不对称性。银行可以经营信用风险和市场风险，一般原则是风险高收益高，风险低收益低，存在风险与收益的正向关系；但操作风险本身不能产生收益，银行无法通过承担更多的操作风险来获取更大的收益，而且在大多情况下操作风险损失与收益的产生没有必然联系。因此操作风险不能经营，只能管理。另外，正是由于操作风险具有不对称性，导致操作风险具有明显的"厚尾"特征，因此操作风险资本计量结果也就相对较高，一般可能占到商业银行总风险加权资产的10%～20%（信用风险加权资产占比更高，市场风险加权资产占比非常小）。

四是分散性。操作风险管理实际上覆盖了银行经营管理所有方面，既包括那些高频低损的日常业务差错，也包括低频高损的自然灾害、内外部欺诈等；涉及资产负债业务，表内表外业务；遍布前中后台。这种分散性决定了操作风险管理应在遵循统一的风险偏好下，将日常操作风险管理职责分散于业务部门的管理模式。此外，操作风险包括许多不同种类的风险，如 IT 风险、欺诈风险、法律风险、模型风险等，各类不同的风险，其特点和管理策略都各不相同。

10.1.3　操作风险发展趋势

在近20年中，为了迎合投资者日益高涨的投资热情，全球金融体系表现出一些显著的发展趋势，其典型特征就是全球化与管制放松、加速技术革新与信息网络的革命性发展以及金融服务范围的扩大和金融产品的增加。全球化与放松的金融管制正有效地将世界上原本分散的金融市场重新整合为一个统一而复杂的网络体系。

金融全球化和管制放松的直接结果是银行面临的操作风险不断加剧，这不仅表现在银行面临的操作风险越来越复杂、操作风险造成的财务损失和声誉影响越来越严重，而且操作风险往往与其他风险交织在一起共同导致银行产生损失。

（1）商业银行面临的操作风险越来越复杂

新技术的引入，包括互联网的发展，直接引发了银行运营方式的变革，如电子银行、电子商务的发展等。目前人们尚无法全面识别和评估电子银行、电子商务等发展所带来的潜在风险，如外部事件造成的损失和系统安全性等问题。

金融全球化，金融服务范围不断扩大，银行业的兼并越来越频繁。在这一变革过程中的文化和管理冲突，增加了银行经营的不稳定性，引发了复杂的经营管理和法律问题。如在他国开办分公司或子公司就可能面临监管环境和要求的差异，极易产生监管处罚问题。

随着银行业务的发展，金融产品的丰富，产品业务流程链条也越来越长，银行为提升产品服务的质量和效率而广泛应用信息系统。一方面，这将业务活动中的操作风险隐藏得越来越深，不能轻易被人发现；另一方面，人员、程序、系统和外部因素相互作用，共同导致操作风险损失的产生。人员操作的失误、未按照业务流程操作可能导致系统中断或崩溃。例如，光大证券"乌龙指"事件就是人员和系统等两个因素共同作用的严重事件。

（2）操作风险造成的财务损失和声誉影响越来越严重

随着银行业务规模扩大和金融衍生工具的蓬勃发展，商业银行风险管理的复杂度也在不断增加，但相比较而言，操作风险管理的能力、工具和技术方法一直未有实质性突破。更因有了操作风险与信用风险或市场风险叠加放大的因素，操作风险的发生频率和损失程度与以往相比有持续增长的趋势。

作为整个社会经济体系运行的重要枢纽，银行业对声誉有特殊的依赖性。随着信息传播方式、渠道的巨变和大众维权意识的增强，近年来很多吸引公众视线的声誉事件对银行的市场价值和业绩已形成实质性冲击。这些事件多数都属于典型的操作风险事件，例如，商业银行职员的监守自盗、违规收费、客户信息泄露、金融诈骗、网银案件等（见表 10-1）。这些事件在导致商业银行经济损失的同时，更多的是难以挽回的客户忠诚度和业务的潜在流失。

表 10-1　近 20 年来国际银行发生的重大操作风险事件

金融案件	事件简述	损失金额
英国巴林银行破产案	1995 年 2 月，新加坡巴林公司期货交易员尼克·里森投资日经 225 股指期货失利，损失达 14 亿美元，英国巴林银行宣布破产	$14 亿
日本大和银行债券投资案	1995 年 9 月，日本大和银行交易员井口俊英因账外买卖美国联邦债券，造成 11 亿美元的巨额亏损，相当于大和银行 1/7 的资产	$11 亿
日本三菱住友银行铜期货投资案	1996 年，日本三菱住友银行交易员滨中泰男投资期铜失利，累计亏损 40 亿美元	$40 亿

金融案件	事件简述	损失金额
纽约银行恐怖袭击损失案	2001 年，纽约银行因"9·11 事件"恐怖分子袭击，造成设施等损失共计 1.4 亿美元	$1.4 亿
爱尔兰联合银行非法外汇交易案	2002 年，爱尔兰联合银行在美国分部的交易员鲁斯纳克从事非法外汇交易，使公司蒙受 7.5 亿美元损失	$7.5 亿
华尔街投行因欺诈集体受罚事件	2003 年 4 月，华尔街高盛等十大投行协助安然、世通等上市公司伪造材料和数据，欺骗投资者，美国金融监管机构对十大投行进行处罚，收取 14 亿美元罚金，并勒令其整改	$14 亿
美国保德信金融集团欺诈交易案	2006 年 8 月 28 日，美国保德信金融集团因欺诈交易被美国政府处以 6 亿美元的罚金。据查 1999 年到 2003 年 6 月，一些保德信集团经纪人利用择时交易手段欺骗了共同基金的持股人	$6 亿
法国兴业银行股指期货投资案	2008 年 1 月 19 日，法国兴业银行交易员科维尔越权投资股指期货买卖，导致银行损失高达 49 亿欧元（约 71.4 亿美元）	$71.4 亿
瑞银集团衍生产品交易事件	2011 年 9 月 15 日，瑞士最大银行瑞银集团宣布，其 Delta One 部门 ETF 交易主管阿多博利进行未经授权的高风险衍生产品交易，导致公司损失约 23 亿美元	$23 亿

（3）操作风险事件的构成因素越来越多样化

随着金融市场的发展变化和各种金融创新工具的出现，商业银行的信用风险、市场风险不再表现为单一的、独立的风险，而是日益与操作风险交织在一起，操作风险自身的构成因素也更加复杂。信贷业务的担保品管理失败、未落实贷款条件就先行放款，市场交易当中交易员违反限额、止损等规定的行为都属于操作风险与其他风险共存的情况。

银行为管理市场风险和信用风险，大量采用风险缓释技术，诸如抵押、信用衍生产品、资产证券化等技术，这些复杂技术的引入在抵御各种市场风险和信用风险的同时，加大了操作风险管理的难度。

为降低成本、提升效率，提高核心竞争力，并转移一部分高频低损的操作风险，银行越来越多地采用业务外包形式，依靠第三方提供的专业化服务。这种做法同时也导致了银行面临的违约等风险不断增加。

金融服务与产品的快速发展和风险管理手段的相对滞后，为操作风险的滋生提供了空间，如网银、理财产品、资产证券化等，这些不同产品表现出不同的操作风险特征。随着现代商业银行的发展，金融市场的进一步开放，商业银行面临的操作风险更加多样化。

10.1.4　操作风险管理对金融安全的影响

操作风险作为一类重要的风险，在商业银行整个风险体系中具有较高的比重。目前银行面临的一些信用风险事件和市场风险事件中，绝大部分都包含有操作风险的因素。正如德国某大型银行高级风险官所说："信用风险仍是商业银行面临的最大风险，但是信用风险之中80%以上实际上是操作风险造成的。"

考虑到银行在整个国家金融体系中的重要地位，银行安全也就直接影响和决定了金融安全。因此，只有加强银行的操作风险管理，有效地提升银行的安全性，才能有力地提高金融体系的安全性。这里主要阐述操作风险管理对于银行安全的重要影响。

（1）操作风险管理是关系到银行生存能力的重要因素

信用风险、市场风险和操作风险是银行面临的主要风险类型，其管理状况对于银行具有重要的影响。其中信用风险和市场风险的管理通过寻求风险和收益的平衡进而直接影响银行的盈利水平，主要起着"开源"的作用。操作风险管理本身不能创造收益，只会影响银行的损失水平，主要起着"节流"的作用。信用风险和市场风险的管理影响盈利水平，但是影响幅度是有限的。操作风险管理影响损失水平，但是损失水平的幅度是无限的。这一点可以从操作风险的分布曲线看出，相比于信用风险和市场风险，它具有明显的厚尾性，即表现为较高的偏度和峰度（见图10-2）。这表示有些操作风险一旦发生，造成的损失可能是巨大的，甚至会使得银行破产。因此，良好的信用风险和市场风险的管理会让一家银行在资产、规模、收入等方面迅速增长，而低下的操作风险管理可能让一家银行损失惨重，甚至一夜之间出现倒闭。很多操作风险事件（如地震、恐怖袭击）造成的损失是非常巨大的，对于银行的影响是非常致命的。

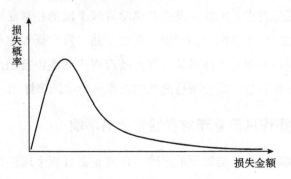

图 10 - 2　操作风险损失金额的分布曲线

很多人可能知道尼克·李森的欺诈行为导致了英国巴林银行的破产，但是很少人可能知道"9·11"恐怖袭击事件造成纽约银行在世贸大厦里面的计算机系统严重损坏、网络通信中断，导致纽约银行部分网点无法开业，形成直接损失 1.4 亿美元。相比之下，同处世贸大厦里面的德意志银行由于采取了良好的业务持续性管理措施（操作风险管理的一部分），因此形成的损失相对较小，基本没有影响其正常营业。可以说，操作风险管理是衡量一家银行风险管理水平的重要标志。只有加强操作风险管理，才能确保银行在面临内部欺诈、系统中断、外部灾害和突发事件等各类操作风险事件时不至于出现倒闭的情况。

（2）操作风险管理是提高股东价值和竞争力的重要手段

银行为了管理不同类型的操作风险，需要掌握各方面的技巧，如人力资源、流程管理、信息安全、安全保卫、法律事务等，这些内容都是操作风险管理涉及的工作，并整合到一个统一的风险管理框架体系内。在这个统一的框架内，操作风险管理是风险管理的重要组成部分。特别是 2012 年银监会发布了《商业银行资本管理办法（试行）》，扩大了资本覆盖风险的范围，将操作风险纳入资本监管框架。这使得操作风险与信用风险、市场风险共同作为风险加权资产计算的对象，并最终计算资本充足率。它们之间的关系可用公式表示如下：

资本充足率 =

$$\frac{资本}{信用风险加权资产 + 市场风险监管资本 \times 12.5 + 操作风险监管资本 \times 12.5}$$

10 - 1

由于操作风险管理水平的好坏将影响银行操作风险损失情况，进而影响损失事件的发生频率和严重程度，因此，采用高级计量法计算的操作风险监管资本将与操作风险管理水平紧密相关，进而影响资本充足率水平。当银行的操作风险管理水平较低时，操作风险监管资本也会增加，从而资本充足率会出现较低的水平，这将形成以下影响：一是造成银行的财务损失增加，收益减少，从而减少了股东价值，降低了银行的竞争力；二是银行可能需要将部分利润直接转化为核心资本，这就影响股东分红的数量，从而降低了股东价值；三是投资者可能形成银行资本结构不合理、风险管理水平低下的印象，从而降低了银行在市场的竞争力；四是监管当局根据最低资本充足率的要求，限制银行业务的发展，在新业务、新网点等审批上提出更严格的要求，使得银行的发展空间受到限制。由此可见，提升操作风险管理水平有助于提高股东价值和市场竞争力。

10.2　操作风险监管

由于新形势下操作风险具有不断加剧的趋势，同时操作风险管理对于金融安全具有重大影响，因此监管当局对于商业银行操作风险监管非常重视，相继发布了一系列与操作风险相关的监管指引和工作通知，明确要求商业银行加强操作风险管理工作。这对于加强商业银行的操作风险管理，推动商业银行进一步完善公司治理结构，促进商业银行改进风险评估和计量技术等具有重要作用。

这些操作风险的监管要求大致可分为两类，一类是指标监管，即通过设定操作风险监管指标体系，要求银行必须符合监管指标确定的阈值范围；另一类是资本监管，即通过准确度量非预期损失而计量操作风险监管资本，要求银行必须满足资本充足率的相关规定。如果说操作风险的指标监管是一种行政命令，那么操作风险的资本监管就是一种经济手段。这两类监管要求的最终目的都是设定一些操作风险监管要求而促使银行改进操作风险管理水平，进而维护银行安全和金融安全。

10.2.1　操作风险的指标监管

商业银行风险监管指标体系是国家相关法令和日常监管体系的重要组成部分。从 2003 年以来，银监会相继出台了有关监管评级的制度文件，逐步搭建了监管指标体系。相关文件包括 2003 年修订的《商业银行法》、2005 年发布的《商业银行风险监管核心指标（试行）》、2005 年印发的《商业银行监管评级内部指引（试行）》、2006年印发的《非现场监管指引（试行）》、2010 年正式推行的腕骨监管体系（CARPALs）等。这对于加强商业银行的持续动态监管发挥了重要的作用。

商业银行操作风险监管指标体系是商业银行风险监管指标体系的重要组成部分，截至目前主要有两个定量的监管指标（见表 10 - 2）。第一个指标是操作风险损失率，它等于操作风险造成的损失与前三期净利息收入加上非利息收入（即总收入）平均值之比，衡量的是商业银行操作风险损失情况，它是在 2005 年银监会印发的《商业银行风险监管核心指标（试行）》中首次提出的，从而将操作风险纳入风险监管指标体系。第二个指标是案件风险率，它等于前三年发生案件的涉案金额与银行总资产比率的平均值，它是在银监会推行的新的监管体系（Carpals）中提出的，衡量的是商业银行案件防控的水平，强调了案件防控作为商业银行操作风险管理的重要地位。

表 10 - 2　现有操作风险监管指标

编号	指标名称	指标定义	计算公式	备注
1	案件风险率	前三年发生案件涉及的风险金额与银行总资产比率的平均值	案件风险率 = A/S 其中，S 表示案件涉及的风险金额； A 表示商业银行的总资产	该指标为 Carpals 指标

编号	指标名称	指标定义	计算公式	备注
2	操作风险损失率	操作风险损失与前三期净利息收入加上非利息收入（即总收入）平均值之比	操作风险损失率＝L/GI 其中，L表示操作风险损失；GI表示总收入	2005年风险监管核心指标

随着商业银行业务的蓬勃发展和金融电子化的广泛应用，操作风险也呈现出一些新的特征和变化趋势，而现有的操作风险监管指标体系逐渐暴露出一些不足之处，已不能适应商业银行操作风险监管的要求。因此，银监会正在修订操作风险监管指标体系，从操作风险水平指标、操作风险迁徙指标、操作风险抵补指标等三个层次建立操作风险监管指标体系整体框架，以体现操作风险的发生、发展和处置的演变过程。同时，按照监管需要，将操作风险监管指标体系分为监管、监测、监控三大类，以体现监管当局对于不同操作风险监管指标的重视程度和监管级别，其中监管指标属于硬约束，监测指标属于软约束，监控指标的监管级别最低，只需了解即可。修订后操作风险监管指标体系预计很快会发布，将作为商业银行操作风险监管的重要工具。

10.2.2 操作风险的资本监管

操作风险的资本监管是商业银行操作风险监管的核心内容，希望通过资本约束这一经济杠杆调节操作风险监管资本，使商业银行感觉到承担过多的操作风险将占用更多的成本，从而会降低银行的利润，这样激励银行改进操作风险管理水平，以减少操作风险监管资本，进而可投入更多的资本去发展业务并增加收入。为强化操作风险的资本监管，巴塞尔委员会和中国银监会相继发布了一系列的操作风险方面的监管指引，指导商业银行开展操作风险管理和计量工作。巴塞尔委员会的监管文件主要包括2004年发布的《资本计量和资本标准的国际协议：修订框架》（即新资本协议）、2011年发布的《操作风险管理良好做法的原则》和《操作风险高级计量法监管指引》；中国银监会的监管要求主要包括 2007 年发布的《商业银行操作风险管理指引》、2008 年发布的《商业银行操作风险监管资本计量指引》、2009 年发布的《商业银行资本计量高级方法验证指引》、2010 年发布的《商业银行资本计量高级方法实施申请和审批指引》、2012 年发布的《商业银行资本管理办法（试行）》，这对于加强商业银行的操作风险管理，推动商业银行进一步完善公司治理结构，促进商业银行改进风险评估和计量技术，规范商业银行操作风险监管资本计量等具有重要作用。

特别是 2012 年发布的《商业银行资本管理办法（试行）》提出操作风险资本监管的三种计量方法，分别是基本指标法、标准法和高级计量法（见表 10 - 3）。这三种方法在复杂性和风险敏感度方面渐次加强。监管当局鼓励银行提高风险管理的复杂程度并采用更加精确的计量方法。

表 10 - 3   操作风险资本计量方法分类及其描述❶

方法分类	自上而下方法		自下而上方法		
名称	基本指标法	标准法	内部衡量法	损失分布法	记分卡法
产品线和风险类型	单一产品线	多层产品线	多层产品线以及事件类型		
		标准由监管当局制定	银行自己决定		
结构	Σ 指标 × 系数		根据损失事件的频率和严重性的分布计算操作风险 VaR 值		
输入参数	单一指标	根据产品线有多个指标			
	标准由监管当局制定				

（1）基本指标法是操作风险资本计量中最简单的方法

基本指标法（basic indicator approach，BIA）针对银行操作风险管理水平的要求最低，同时也是计算方式最简单的方法。基本指标法的基本逻辑是，银行的操作风险与其总收入成正比。这个过于简单的逻辑，其内在的合理性备受各方质疑，但作为操作风险监管资本计量的基础，却又是银行界计量操作风险的起点。

---

❶ 资料来源于日本银行关于操作风险资本计量方法的描述。

在基本指标法下，银行持有的操作风险监管资本等于其前三年总收入的平均值乘上一个系数 α，其中 α 为固定值。计算公式如下：

$$K_{BIA} = GI \times \alpha \qquad\qquad 10-2$$

K_{BIA} 表示用基本指标法计算的资本要求；GI 表示前三年总收入的平均值，总收入为净利息收入加上非利息收入；α 的取值可由各国的监管当局规定，目前巴塞尔委员会将 α 设定为 15%。

为激励国内银行提高操作风险管理基础，采用更高级的方法计量操作风险监管资本，在 2011 年 8 月《商业银行资本管理办法》的征求意见稿中，中国银监会曾提出 α 为 18%，远远高于 15% 的国际建议值。

（2）标准法是大型银行操作风险资本计量的最低要求

由于基本指标法计算相对简单，对于银行的监管要求也最低，因此相对于仅仅依赖总收入指标的基本指标法，标准法（the standardized approach, TSA）实现了一大进步，即在定位于收入的同时，考虑了不同业务条线操作风险的差异。目前，有些国家的监管当局规定除了小型银行可以采用基本指标法进行操作风险资本计量之外，大型银行至少应当采用标准法进行操作风险资本计量，并鼓励其采用高级计量法进行操作风险资本计量。

标准法的基本逻辑是，收入水平仍然是最能体现操作风险程度的指标，但不同业务条线操作风险程度不同。因此，标准法将银行的业务活动划分为若干标准化的业务条线（Business Line），并针对各类业务设定不同的指标，以反映其业务量与操作风险的关系。即对每类业务条线设定一个固定系数 β，乘以相应业务条线的收入，得到该业务条线所占用的操作风险资本金要求；最后，所有业务条线的资本要求直接汇总相加，得到银行总体操作风险的监管资本要求。

新资本协议的标准法中，将商业银行业务分为 8 个业务条线，即公司金融、交易和销售、零售银行业务、商业银行业务、支付和结算、代理服务、资产管理，以及零售经纪。针对各业务条线，用总收入来代表业务的规模，作为计算操作风险暴露的基础。计算各业务条线资本要求的方法是，用其收入乘上一个对应的系数 β。

$$K_{TSA} = \sum (GI_{1-8} \times \beta_{1-8}) \qquad\qquad 10-3$$

K_{TSA} 表示用标准法计算的资本要求；GI_{1-8} 表示按标准法的定义，8 个产品线过去三年的平均收入；β_{1-8} 表示银行特定产品线的操作风险与该产品条线收入之间的关系。

与基本指标法相似，业务条线的划分和相应的系数 β 都由监管机构给定。

（3）高级计量法是操作风险资本计量中最高级的方法

高级计量法（advanced measurement approach，AMA）是指银行使用自己的内部模型，估计期望损失和非预期损失，从而获得操作风险资本要求的一套方法体系。高级计量法不是一个单独的方法，而是一系列操作风险资本计量高级方法的统称，包括内部衡量法（Internal Measurement Approaches）、损失分布法（Loss Distribution Approaches）和记分卡法（Scorecard Approaches）。从理论上讲，相对于"一刀切"的行业统一参数模式，高级计量法基于各家银行的内部管理水平、基础数据等信息进行计算，其中的风险参数能够更为准确地反映不同银行的操作风险大小，因此具有更高的风险敏感度。

① 内部衡量法

内部衡量法的基本思想，就是根据非预期损失与预期损失之间的系数 γ，通过计算预期损失而得到非预期损失。因此内部衡量法主要是要估算出预期损失，是商业银行由简单的自上至下模型向更加复杂的操作风险资本度量过渡的关键一步。

通常情况下，银行按照业务条线和风险类型两大因素，将操作风险事件划分到不同的单元格 $Cell$ (i, j)，其中 i 表示业务条线，j 表示风险类型。根据巴塞尔委员会的规定，业务条线有 8 个，风险类型有 7 类，因此，一般情况下单元格的数量是 56 个。

内部衡量法基于银行内部损失数据进行监管资本计算，其计算可以分为以下四步。

第一步，首先估算出每个单元格中操作风险损失事件的风险敞口 EI (i, j)、损失事件发生的概率 PE (i, j)、损失事件发生时的损失程度 LGE (i, j)。以上三个参数，非常类似于信用风险中债项的风险

参数违约概率 PD、违约损失率 LGD 和违约风险暴露 EAD。

第二步，根据以上三个参数，计算它们之间的乘积，得到该单元格的预期损失 $EL(i,j)$。这与信用风险中预期损失的计算，也非常相似。

第三步，通过预期损失与非预期损失的转换系数 $\gamma(i,j)$，得到该类事件的非预期损失 $UL(i,j)$，即该单元格操作风险资本。

第四步，也是最后一步，加总所有事件的操作风险资本，得到总的操作风险资本。

因此，每个单元格操作风险资本的计算公式为：

$$K_{i,j} = UL(i,j) = \gamma(i,j) \times EL(i,j)$$
$$= \gamma(i,j) \times EI(i,j) \times PE(i,j) \times LGE(i,j) \qquad 10-4$$

通常，监管机构可以根据全行业损失分布数据，来确定 γ 值，便于所有银行计算监管资本。但是，采用统一参数的前提是，各银行的损失分布与银行业整体的损失分布基本相同。为解决具体银行与银行业整体损失分布的差异，巴塞尔委员会引入了风险特征指数 RPI（Risk Profile Index），来进一步调整不同银行的操作风险资本要求。风险特征指数 RPI 反映了各银行具体风险状况与行业风险的区别，运用 RPI 对操作风险定价的调整计算公式如下：

$$K_{i,j} = \gamma(i,j) \times EI(i,j) \times PE(i,j) \times LGE(i,j) \times RPI(i,j)$$

$$10-5$$

具体来讲，对于厚尾分布的银行，其 $RPI > 1$，对于薄尾分布的银行，其 $RPI < 1$。

最后，对所有的进行加总，就得到全行的操作风险资本。当然在加总的过程中，还需要考虑不同单元格之间的相关性。

根据国外银行操作风险资本计量的实践情况，内部衡量法相对比较理论化，具体操作起来比较麻烦，因此，国外银行很少采用内部衡量法计量操作风险资本。

② 损失分布法

损失分布法来源于保险精算模型，它的基本原理是通过估计损失事件的发生次数和损失金额来估计总损失金额。损失分布法是由

J. P. MorganChase、Citigroup、RBC、Financial Group 等国际领先金融机构组成的一个行业技术工作小组（ITWG）开发的一套操作风险高级度量模型，以期实现更高的风险敏感性。

在损失分布法（Loss Distribution Approach）下，银行针对每个业务条线和事件类型所组成的单元格，估计出操作风险损失在一定期间（比如一年）内的概率分布。这种概率分布的估计，建立在对操作风险损失的发生频率和严重程度的估计之上。与内部衡量法相比，损失分布法的特别之处在于需要使用蒙特卡洛模拟等方法或者一定的假设，确定具体的概率分布形式。

在一定的置信水平下，操作风险损失分布 $F(x)$ 的风险价值 VaR 就直接度量了最大可能损失。设 x 表示操作风险损失的独立同分布的随机变量，其分布函数为：

$$F(x) = P\{X_i \le x\} \le q \qquad 10-6$$

其中，q 为一定的置信水平，一般情况下 q 等于 99.9%。给定 q，对于分布函数 $F(x)$，则可以确定其 VaR 值，即：

$$VaRq = F^{-1}(q) \qquad 10-7$$

其中，F^{-1} 为分布函数 F 的反函数。相应的，监管资本要求就是每个业务条线/事件类型组合 VaR 值的加总。同样，加总的过程一般也需要考虑不同单元格的相关性。

损失分布法由于具有较好的风险敏感性、前瞻性等性质，已经成为国外银行实施操作风险高级计量法的主要方法。

③ 记分卡法

2001 年，巴塞尔委员会正式提出将"记分卡法"作为计算操作风险监管资本的三种高级计量法之一，记分卡法迅速成为国际银行业普遍关注的操作风险管理方法。实际上，记分卡法是一种非常新颖的计算方法，包括了多项前瞻性的操作风险数量指标，具有较好的风险敏感性。记分卡法建立在真实计算的风险上，但更经常的是用一系列指标表示业务条线内特别的风险类型。

记分卡的核心内容就是对于各个业务单位和业务类型，按照潜在损失程度和潜在损失频率两个维度进行评估和打分，同时要对这些潜在损失进行归因—发掘对应的风险因子。进一步，完整的自上而下的评估与自下而上的沟通反馈使得银行内部的流程与结构化不断改善，可以发掘出与操作风险事件对应的具体影响因素和关键风险指标。

要量化操作风险，关键在于估计出每一类损失事件的风险指标、损失事件可能性、损失比率三个参数，有了这些参数就可以计算出操作风险的大小。用记分卡方法计算操作风险可以表示为：

$$K(i,j) = EI(i,j) \times \omega(i,j) \times RS(i,j) \qquad 10-8$$

其中 EI 代表风险暴露（Exposure Indicator），RS 代表风险评分（Risk Score），ω 是一个比例因子（Scaling Factor）。

记分卡方法已经在商业银行中得到广泛运用，银行的大部分自动记分授权问答卷设计，都可以视为记分卡方法的运用。以澳大利亚澳新银行（ANZ）为例，该行从 2001 年起开始操作风险研究工作，2002 年建立起以记分卡为核心的操作风险评价和管理系统（见图 10-3）。澳新银行的记分卡方法涉及操作风险的资本计量和资本分配，它采用一套针对银行特定的风险驱动和控制方法进行评估的核心方法，这种记分卡计量方法被称之为风险驱动和控制方法（Risk Drivers and ControlS Approaches，RDCAs）。风险驱动和控制方法需要借助于有效的专家体系评估银行对于特定风险暴露的风险驱动情况以及银行内控环境的质量，从而直接把操作风险管理和资本计量结合起来。澳新银行自从采用风险驱动和控制方法开始计量操作风险资本以来，操作风险资本占用逐年减少，各业务条线操作风险管理的积极性不断提高并且操作风险管理水平逐步提升。

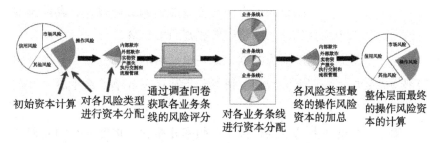

图 10-3　澳新银行风险驱动和控制方法流程图

10.3 操作风险高级计量法理论框架

高级计量法是操作风险资本计量的高级方法，相比于基本指标法和标准法等其他操作风险监管资本计量方法来说，具有风险敏感性、结果稳定性、计算复杂性等主要特点。同时，实施高级计量法有利于节约资本、改进管理、提升声誉，已经成为国际大型银行操作风险资本计量的主要方法。从国际实践看，业界较多采用的高级计量法是损失分布法。损失分布法适用于规模较大、业务复杂、操作风险损失数据有一定积累的银行。以下提到的高级计量法均指损失分布法。

10.3.1 操作风险高级计量法建模流程

损失分布法以 VaR（Value at Risk）为基础，在 99.9% 的置信区间和一年持有期内，采用内部损失数据、外部损失数据以及情景分析数据对操作风险事件发生频率和损失金额进行建模，并最终计算得到操作风险监管/经济资本。

借鉴国际活跃银行的领先实践，损失分布法模型是从模型精细度设计开始的，整个模型可分解为频率分布、严重度分布、保险缓释、总损失分布、相关性、资本聚合和资本分配等子模型。下图是一个典型的损失分布法模型框架，其中描述了各个子模型之间的相互关系以及建模步骤。

第一步是根据业务条线和事件类型所组成的二维交叉表中内外部损失数据分布情况，结合银行自身的业务经营和管理模式，设计模型精细度，从而确定损失分布法建模所需要的单元格。

第二步是利用内部损失数据生成各单元格的频率分布，分别利用内部损失数据、外部损失数据、情景分析数据在各单元格生成三种数据的严重度分布。

第三步是通过蒙特卡洛模拟实现频率分布和严重度分布的卷积计算，从而生成年度的总损失分布。

第四步是计算保险缓释模型中保险覆盖率和保险回收率等参数，

并利用这些参数对总损失分布中损失金额进行一定的扣减。

第五步是计算各单元格之间的相关性系数矩阵，使用 Copula 方法将扣减后的总损失分布聚合成全行的监管/经济资本。

第六步是根据各分支机构的业务经营环境和内部控制因素（BEICFs）将操作风险经济资本进行分配。

下面简单介绍一下损失分布法中的频率分布、严重度分布、保险缓释、总损失分布、相关性、资本聚合和资本分配等子模型（见图 10－4）。

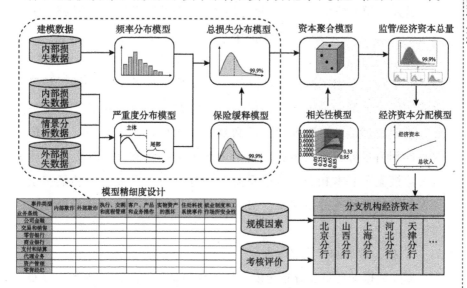

图 10－4　损失分布法的模型框架

（1）频率分布

在损失分布法中，频率是指在一段时间内（通常为一年）损失事件的发生次数。频率分布建模的意义在于通过建立模型寻找损失事件年度发生次数的分布规律，进而预测每年损失事件的发生次数，为后续建立总损失分布模型打下基础。明显地，每个模型单元格需要建立各自独立的频率分布模型。一般地，频率分布建模的数据主要是银行的内部损失数据。频率分布建模工作主要包括以下三部分内容：分布函数选择、参数估计及拟合优度检验。

频率分布函数是离散分布函数，可选择泊松分布、负二项分布或二项分布作为数据拟合函数，其中泊松分布是使用最普遍的频率分布函数。

泊松分布（possion distribution）用于寻找一定数量的事件在确定的时间范围内发生的概率。如果在单位时间范围内事件发生的平均次数为 N，则在该时间范围内事件将发生次数的概率服从泊松分布：

$$P(N = k) = \frac{e^{-\lambda}\lambda^k}{k!}, \quad \lambda > 0, k = 0, 1, \cdots \qquad 10-9$$

另外，频率分布主要选择最大似然估计进行参数估计、选择卡方（Chi-Square）检验进行拟合优度检验。

（2）严重度分布

严重度分布用于估计每件操作风险损失事件的损失金额，是量化操作风险模型中最重要的组成部分，它和频率分布构成了总损失分布模型的基础。严重度建模的数据主要由内部损失数据、外部损失数据和情景分析数据组成。由于内部损失数据和外部损失数据严重度建模流程基本相似，故严重度分布建模分为两类，一类是基于损失数据的严重度分布建模，另一类是基于情景分析的严重度分布建模。

① 损失数据的严重度分布

损失数据的严重度分布建模工作主要包括以下三部分内容：分布函数选择、参数估计及拟合优度检验。

由于损失数据严重度分布是连续分布函数，可选择指数分布、伽马分布、韦伯分布、对数正态分布、对数伽马分布以及广义帕累托分布作为数据拟合函数，其中对数正态分布是使用最普遍的严重度分布函数。

对数正态分布函数是：

$$f(x) = \frac{1}{x\sigma\sqrt{2\pi}}e^{-\frac{1}{2}(\frac{\log x - \mu}{\sigma})^2} \quad x > 0, \mu \in R, \sigma > 0 \qquad 10-10$$

$$F(x) = \Phi\left(\frac{\log x - \mu}{\sigma}\right) \quad x > 0, \mu \in R, \sigma > 0 \qquad 10-11)$$

其中，$F(x)$ 是标准正态分布的累积分布函数。

另外，严重度分布主要选择截断最大似然估计进行参数估计、选择 K – S 检验进行拟合优度检验（也可使用 Q – Q 图、P – P 图辅助检验）。

② 情景分析的严重度分布

情景分析主要包含典型损失和极端损失两个估计值，其中典型损失描述的是一般情况下银行遭受的损失大小，极端损失描述的是极端情况下银行遭受的损失大小。情景分析的严重度分布就是要将典型损失和极端损失形成的离散分布转化为一个连续分布。

为此，一般假设情景分析的严重度服从对数正态分布，典型损失对应于均值，极端损失对应于置信水平为 α（如 99%）的分位数。这样一来，我们可以推导出相应对数正态分布的均值 μ 和标准差 σ：

$$\begin{cases} x_1 = E(X) = e^{\mu + \frac{\sigma^2}{2}} \\ \dfrac{\log x_2 - \mu}{\sigma} = \Phi^{-1}(\alpha) \end{cases} \Rightarrow \begin{cases} \mu = \log(x_1) - \dfrac{\sigma^2}{2} \\ \sigma = \Phi^{-1}(\alpha) - \sqrt{\left[\Phi^{-1}(\alpha)\right]^2 - 2\log\left(\dfrac{x_2}{x_1}\right)} \end{cases}$$

$$10 - 12$$

这样，情景分析的严重度分布函数就从离散函数转化为连续函数，与内部损失数据严重度分布函数、外部损失数据严重度分布函数等一起作为严重度分布函数的一部分，与频率分布函数一起共同参与模型运算。

（3）保险缓释

保险缓释强调的是保险作为一种重要的操作风险缓释手段对于操作风险损失的降低作用。保险缓释模型主要包括两个重要参数，即保险覆盖率和保险回收率。其中保险覆盖率是从频率角度描述操作风险损失事件中具有保险回收方式的损失事件的占比；保险回收率是从严重度角度描述既有保险回收的损失事件中保险回收金额与总损失金额的占比。它们的计算公式分别是：

$$保险覆盖率 = \frac{有保险回收的损失事件数量}{所有损失事件数量} \times 100\% \qquad 10 - 13$$

$$保险回收率 = \frac{保险回收总金额}{具有保险回收损失事件的总损失金额} \times 100\%$$

$$10 - 14$$

（4）总损失分布

总损失分布就是在频率分布和严重度分布的基础上，生成银行年度总损失金额的分布曲线。

总损失分布实现频率分布和严重度分布的整合过程就是计算它们之间的卷积的过程。用公式表示为：

$$h(s) = \sum_{n=0}^{\infty} f(n) g^{(n)}(s) = \sum_{n=0}^{\infty} \left[f(n) \int_{-\infty}^{\infty} g^{(n-1)}(s-y) g(y) \mathrm{d}y \right]$$

10 - 15

其中 $f(n)$ 是频率分布的密度函数，$g(s)$ 是严重度分布的密度函数，$h(s)$ 是总损失分布，上式中最重要的是计算 n 次卷积。

为了计算上述卷积，一般采用蒙特卡洛模拟方法实现。

蒙特卡洛模拟的主要步骤包括：

对于每一类损失事件，首先根据估计出的频率分布模拟一年内损失事件发生总数的可能取值，其中，t 为模拟次数，一般为 100 万次。

对于每一个取值，根据严重度分布情况分别模拟出次损失，不妨将次损失表示出来。

将上一步生成的损失加总，就可以得到该类损失事件一年内的累积总损失金额。

将 100 万次总损失金额进行降序排列，第 1001 个总损失金额对应了 99.9% 分位点，就是 99.9% 置信水平下的 VaR，即操作风险资本要求。

由于模拟方法是以随机数为基础进行计算的，而且计算全行的操作风险资本所需的分位数较高（99.9%），所以需要模拟次数达到一定数值，才能保证结果的稳定性。

（5）相关性

相关性就是度量不同单元格间操作风险相关程度，从模型种类来看，相关性模型分为频率相关性、严重度相关性和总损失相关性三种情况，其中使用较多的是频率相关性模型。例如，每年发生的对公业务欺诈事件数量和零售业务欺诈事件数量之间的相关性有多高，相关系数有多大。

为了描述不同单元格之间的相关性结构，一般利用 Copula 方法对相关性结构进行量化，其中使用较多的 Copula 方法是高斯 Copula 方法。

假设服从多元标准正态分布，则其高斯 Copula 函数为：

$$C_R^{Ga}(u_1,\cdots,u_n) = \Phi_R^n(\Phi^{-1}(u_1),\cdots,\Phi^{-1}(u_n)) \qquad 10-16$$

我们可以得到此时的高斯 Copula 函数为：

$$C_R^{Ga}(u,v) = \int_{-\infty}^{\Phi^{-1}(u)} \int_{-\infty}^{\Phi^{-1}(v)} \frac{1}{2\pi(1-R_{12}^2)^{1/2}} \exp\left\{-\frac{s^2-2R_{12}st+t^2}{2(1-R_{12}^2)}\right\}dsdt$$

$$10-17$$

（6）资本聚合

资本聚合就是汇总各单元的损失分布得到全行层面的损失分布来确定全行的操作风险监管/经济资本的过程。

考虑到频率相关性的情况下，资本聚合的主要步骤如下：

对于一个操作风险情境，在一个总计单元格个数 m 的损失矩阵中，根据上述高斯 Copula 频率相关的实现方法对每个单元格生成操作风险事件频率，此时是具有一组频率相关性的随机向量。

在单元格中，根据基于损失数据推导的严重度分布或基于情景分析数据推导的严重度分布模拟次损失的金额（可以对某些单元格中的损失应用保险模型，得到考虑保险后的净损失）。

将单元格单次损失金额相加得到一年内的汇总损失金额，即生成情境下单元格的操作风险年度总损失。

将同一情境下每个单元格的全年总损失加总得到操作风险情境下全行年度操作风险总损失。

重复上述模拟过程，得到全行 100 万个操作风险情境下的年度总损失，并将这 100 万个损失数据从小到大进行排序，选择相应 99.9% 分位数即倒数第 1001 个损失数，这样就得到了全行的操作风险 VaR，即操作风险监管资本/经济资本。

此时的资本聚合流程图如图 10-5 所示。

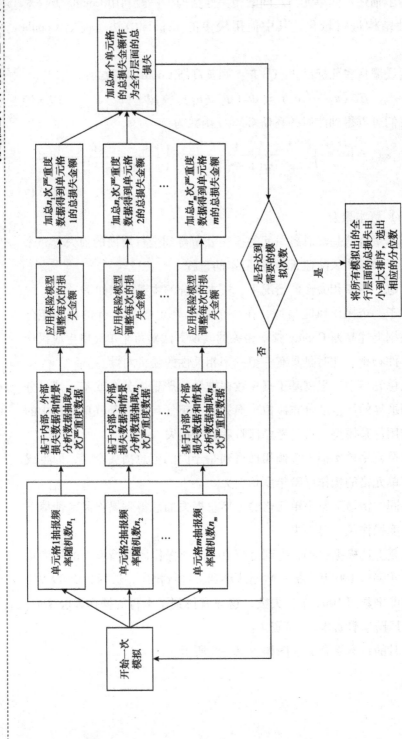

图 10-5 一般情况下（只考虑频率相关性）的资本聚合流程图

不同银行在整体框架设计上存在诸多共性，国际实践经验表明在建模流程和数据应用等具体细节的处理上存在着多种方案。例如，频率分布模型中选择怎样的分布函数，严重度分布是采用单一分布还是分段分布，相关性模型是采用频率相关、严重度相关还是总损失相关，如何将不同数据源用于严重度分布的模型等，具体建模流程和数据应用步骤都有多个方案。上述损失分布法建模方案只是众多方案中比较典型的一种情况。巴塞尔委员会在 2011 年发布的《操作风险高级计量法监管指引》中总结了国际领先银行在高级计量法建模方面的一些成功经验和良好做法。

10.3.2 操作风险高级计量法建模数据

数据是建模的基础，数据的数量和质量直接影响高级计量法建模的效果。在高级计量法建模中，共涉及内部损失数据、外部损失数据、情景分析、业务环境和内部控制因素等四类数据（见图 10 - 6）。其中，内部损失数据主要应用于模型精细度的确定、频率分布建模、严重度分布的建模、相关性建模；外部损失数据主要应用于模型精细度的确定、严重度分布的建模；情景分析数据主要应用于严重度分布的建模；业务经营环境和内部控制因素包括风险和控制自我评估数据及关键风险指标数据，主要应用于资本分配模型。

图 10 - 6　高级计量法建模的四类数据

（1）内部损失数据

内部损失数据是相对外部损失数据来说的，是商业银行内部发生的操作风险损失事件中记录的相关信息。内部损失数据是操作风险量化的前提，为操作风险资本计量提供了数据支持。

根据《商业银行资本管理办法（试行）》中操作风险资本计量监管要求（附件12）的规定，商业银行的操作风险损失事件统计内容应至少包含：损失事件发生的时间、发现的时间及损失确认时间、业务条线名称、损失事件类型、涉及金额、损失金额、缓释金额、非财务影响、与信用风险和市场风险的交叉关系等。

（2）外部损失数据

外部损失数据是相对银行的内部损失数据来说的，是在商业银行外部发生的操作风险损失事件中记录的相关信息。外部损失数据是高级计量法建模中另一个重要的数据，是内部损失数据的有效补充，能够弥补银行内部损失数据不足（特别是具有低频高损特征的尾部数据的不足，如极端的自然灾害）所带来的建模缺陷，从而提高了操作风险资本计量结果的准确性。

外部损失数据是相对的概念，某个银行自己收集的内部损失数据相对于另一个银行来说就是外部损失数据。就像 ORX 损失数据库那样，ORX 成员银行通过收集自身的内部损失数据并提交到 ORX 数据库中，从而实现成员银行内部损失数据的共享。

外部损失数据的来源主要分为两类：数据共享组织的协议数据和外部媒体报道的公开数据，其中外部媒体报道的公开数据又分为外部供应商提供的数据、银行自行收集的数据。这两类外部损失数据库的特点如表 10 - 4 所示。

表 10 - 4   外部损失数据来源和特点

收集的来源	优势	劣势
数据共享组织的协议数据	可以获得一些非公开的损失数据信息	共享协会对于数据收集非常严格，另外申请过程较麻烦
	只需支付入会的费用，数据收集的成本较低	可能存在信息外泄问题，需要保证损失信息的机密性
	损失数据具有同质性，能较好满足计量需求	基于保密的需要，损失数据描述性信息不太充分

收集的来源	优势	劣势
外部媒体报道的公开数据（外部供应商提供）	数据收集的范围较广，可覆盖所有金融机构	为挑选合适的数据，需要对数据进行筛选
	不必担心内部数据的泄密	一般不能直接使用，需要对数据进行调整
	即买即用，不需要烦琐的申请过程	需要额外支付外购的费用
外部媒体报道的公开数据（银行自身收集）	不必担心内部数据的泄密	受收集途径的影响，数据收集可能不够全面
	不需要额外支付外购的费用	需要与外部机构进行沟通，以证明数据的准确性
	数据适用性较好，基本不需要对数据进行筛选和调整	需要投入大量的人力和时间

（3）情景分析

内部损失数据和外部损失数据具有的一个共同特点就是两者都是历史数据。而以历史数据为基础建立模型去推测未来的操作风险损失主要是基于一个假设：历史还会重演。但是这种假设已经开始招致一些人的批评，因为银行在发生操作风险损失事件之后，往往采取措施控制此类操作风险损失事件的发生，这样操作风险损失事件的发生频率和严重程度一般都会降低，历史也就不会完全重演了。为了克服历史数据对于建模的不利影响，高级计量法建模还需要选择情景分析这一具有前瞻性的数据。

所谓情景，是指参照历史事件合理复制或根据专家经验模拟生成的，由于人员、系统、流程或外部事件等原因导致未来可能在银行内部发生的重大操作风险事件。情景分析就是指在识别这些情景的基础上，分析和评估情景发生的频率和严重程度，并将结果应用于操作风险计量和管理的工具和方法。一般地，情景分析的工作模板大致如表 10-5 所示。

表 10 – 5　情景分析模板

情景识别	情景名称					
	业务条线					
	事件类型					
	情景详细					
	发生频率评估					
	发生概率					
	严重程度评估					
	评估因素		典型损失（单位：万元）		极端损失（单位：万元）	
	损失类型	风险因子	金额/数量	原因说明	金额/数量	原因说明
情景评估	法律成本	风险因子1				
		风险因子2				
		…				
	监管罚没	风险因子1				
		风险因子2				
		…				
	资产损失	风险因子1				
		风险因子2				
		…				
	对外赔偿	风险因子1				
		风险因子2				
		…				
	追索失败	风险因子1				
		风险因子2				
		…				
	账面减值	风险因子1				
		风险因子2				
		…				
	其他损失	风险因子1				
		风险因子2				
		…				
	总损失					

（4）业务环境和内控因素

业务经营环境和内部控制因素（BEICFs）是能够反映银行操作风险状况、评估内部控制环境有效性的指标数据。业务经营环境和内部控制因素能够同时反映银行操作风险的变化情况以及业务活动变化对操作风险的影响，这些因素使得银行的风险评估更具前瞻性，更能直接反映银行经营环境和内部控制的质量，有助于银行按风险管理目标从事资本评估，更及时地发现操作风险改善或恶化的相关信息。业务经营环境和内部控制因素是管理和计量操作风险的手段，也是新资本协议要求实施高级计量法的银行计算操作风险资本时必须使用的四种数据之一。

根据国际活跃银行的领先实践[1]，业务经营环境和内部控制因素主要包括风险与控制自我评估（Risk and Control Self - Assessment，RCSA）、关键风险指标（Key Risk Indicators，KRI）、审计（Audit）等，主要实现对操作风险资本的量化调整（Quantitative Adjustment，QA）。在操作风险管理当中，关键风险指标（KRI）与损失数据收集（LDC）和风险与控制自我评估（RCSA）又是操作风险管理的三大工具。损失数据收集、风险与控制自我评估、关键风险指标在操作风险管理中的作用不同。损失数据收集注重于历史损失信息的积累，主要用于描述"过去"的操作风险管理状况；风险与控制自我评估是对现有业务产品中的风险因素和控制状况进行识别和评估，主要用于描述"现在"的操作风险管理状况；而关键风险指标是对操作风险的发展变化趋势进行监测和预警，主要用于描述"将来"的操作风险状况。损失数据收集、风险与控制自我评估、关键风险指标在高级计量法下实现了有效的整合，共同作为资本计量的输入项，并与外部损失数据和情景分析一起输入高级计量法模型中，实现操作风险资本计量。

由于业务环境和内控因素主要是作为间接因素影响操作风险监管资本，而不作为模型数据直接参与操作风险监管资本的计算，因此，这里不详细阐述。

---

[1] 详见 Industry Position Paper – Business Environment and Internal Control Factors（BEICFs）。

10.4 实证研究

前文提到，采用高级计量法计算操作风险监管资本时，需要将模型数据按照 8 个业务条线和 7 个事件类型形成 56 个单元格分别计算操作风险监管资本，然后根据单元格之间的相关性将 56 个操作风险监管资本聚合为全行的操作风险监管资本（见表 10-6）。

表 10-6 每个单元格操作风险资本的分布情况

	内部欺诈	外部欺诈	就业政策和工作场所安全性	执行、交割及流程管理	客户、产品及业务操作	业务中断和系统失败	实体资产损失
公司金融	ORC11	ORC12	ORC13	ORC14	ORC15	ORC16	ORC17
交易和销售	ORC21	ORC22	ORC23	ORC24	ORC25	ORC26	ORC27
零售银行业务	ORC31	ORC32	ORC33	ORC34	ORC35	ORC36	ORC37
商业银行业务	ORC41	ORC42	ORC43	ORC44	ORC45	ORC46	ORC47
支付和结算	ORC51	ORC52	ORC53	ORC54	ORC55	ORC56	ORC57
代理服务	ORC61	ORC62	ORC63	ORC64	ORC65	ORC66	ORC67
资产管理	ORC71	ORC72	ORC73	ORC74	ORC75	ORC76	ORC77
零售经纪	ORC81	ORC82	ORC83	ORC84	ORC85	ORC86	ORC87

10.4.1 操作风险高级计量法的简化模型

为简化描述高级计量法模型，不妨只考虑一个单元格的操作风险监管资本的计算过程，如零售业务的外部欺诈事件。另外，假设此单元格中的损失事件都没有保险回收的情况，这样就没有了保险缓释模型。同时，再假设建模数据中只有内部损失数据（外部损失数据和情景分析数据只影响严重度分布，其严重度分布与内部损失数据严重度分布相似），此时的高级计量法建模流程图可简化为如图 10-7 所示形式。

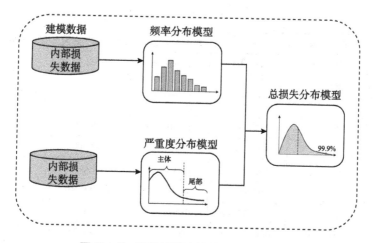

图 10 - 7　高级计量法的简化模型流程图

因此，该高级计量法的简化模型可分解为频率分布、严重度分布、总损失分布三种子模型，其中频率分布、严重度分布均使用内部损失数据进行建模。

10.4.2　操作风险高级计量法的模型数据

正如前文所述，这里虚拟了每个单元格内的 86 条内部损失数据（如零售业务的外部欺诈事件），时间跨度从 1993—2012 年。内部损失数据如表 10 - 7 所示。

表 10 - 7　内部损失数据虚拟

序号	事件名称	发现日期	风险暴露金额	实际损失金额	损失回收金额
1	事件 1	1993 - 3 - 1	149100.00	149100.00	0
2	事件 2	1994 - 6 - 15	135372.58	135372.58	0
3	事件 3	1996 - 11 - 4	80000.00	80000.00	0
4	事件 4	1994 - 4 - 1	20000.00	20000.00	0
5	事件 5	1996 - 11 - 30	2000.00	2000.00	0
6	事件 6	1994 - 4 - 9	22260.00	22260.00	0
7	事件 7	1996 - 10 - 29	230136.80	230136.80	0
8	事件 8	2012 - 10 - 8	209075.41	209075.41	0
9	事件 9	2006 - 4 - 2	178888.07	178888.07	0
10	事件 10	1996 - 12 - 20	16868.44	16868.44	0

序号	事件名称	发现日期	风险暴露金额	实际损失金额	损失回收金额
11	事件11	2006 - 6 - 5	60700.00	60700.00	0
12	事件12	2006 - 6 - 30	638100.00	638100.00	0
13	事件13	1996 - 12 - 31	167928.84	167928.84	0
14	事件14	1998 - 6 - 4	321400.00	321400.00	0
15	事件15	1995 - 7 - 31	3800.00	3800.00	0
16	事件16	1995 - 8 - 1	176400.00	176400.00	0
17	事件17	1995 - 8 - 3	327199.91	327199.91	0
18	事件18	2012 - 12 - 19	10886.87	10886.87	0
19	事件19	1994 - 5 - 2	33874.00	33874.00	0
20	事件20	2012 - 12 - 25	10000.00	10000.00	0
21	事件21	1997 - 3 - 14	625476.60	625476.60	0
22	事件22	2010 - 5 - 1	19000.00	19000.00	0
23	事件23	2001 - 3 - 1	8500.00	8500.00	0
24	事件24	1999 - 8 - 7	18895.00	18895.00	0
25	事件25	1997 - 1 - 20	124891.19	124891.19	0
26	事件26	1998 - 6 - 13	1003900.00	1003900.00	0
27	事件27	1998 - 4 - 30	63809.00	63809.00	0
28	事件28	2000 - 12 - 23	29906.10	29906.10	0
29	事件29	2000 - 11 - 21	1808.37	1808.37	0
30	事件30	2000 - 12 - 22	2419445.28	2419445.28	0
31	事件31	1999 - 8 - 23	5000.00	5000.00	0
32	事件32	1994 - 6 - 3	100596.97	100596.97	0
33	事件33	2000 - 10 - 3	25337.97	25337.97	0
34	事件34	2010 - 6 - 13	816100.00	816100.00	0
35	事件35	1997 - 3 - 24	13510.13	13510.13	0
36	事件36	2001 - 3 - 3	2300.00	2300.00	0
37	事件37	2002 - 6 - 2	4800.00	4800.00	0
38	事件38	2002 - 4 - 14	2436694.11	2436694.11	0
39	事件39	1998 - 6 - 27	19638.52	19638.52	0
40	事件40	1996 - 12 - 1	25000.00	25000.00	0
41	事件41	1996 - 11 - 1	45800.00	45800.00	0

序号	事件名称	发现日期	风险暴露金额	实际损失金额	损失回收金额
42	事件42	1999 - 7 - 22	4094.27	4094.27	0
43	事件43	1993 - 3 - 1	200.00	200.00	0
44	事件44	2004 - 12 - 10	16297.50	16297.50	0
45	事件45	2002 - 4 - 24	243033.59	243033.59	0
46	事件46	2003 - 7 - 2	278133.76	278133.76	0
47	事件47	2002 - 6 - 5	8640.00	8640.00	0
48	事件48	2004 - 12 - 2	9958.37	9958.37	0
49	事件49	2007 - 7 - 3	308898.27	308898.27	0
50	事件50	2000 - 12 - 16	121207.43	121207.43	0
51	事件51	1998 - 4 - 7	95303.00	95303.00	0
52	事件52	2000 - 12 - 3	289845.00	289845.00	0
53	事件53	2007 - 8 - 2	98800.00	98800.00	0
54	事件54	2008 - 11 - 27	26000.00	26000.00	0
55	事件55	2002 - 5 - 19	36144161.38	36144161.38	0
56	事件56	2008 - 12 - 30	17755427.90	17755427.90	0
57	事件57	2000 - 11 - 11	140030.84	140030.84	0
58	事件58	2008 - 12 - 29	63645.26	63645.26	0
59	事件59	2007 - 9 - 3	28718.51	28718.51	0
60	事件60	2006 - 4 - 1	125453.94	125453.94	0
61	事件61	2005 - 1 - 15	9958.37	9958.37	0
62	事件62	2003 - 9 - 17	39585.67	39585.67	0
63	事件63	1999 - 9 - 24	46723.20	46723.20	0
64	事件64	2006 - 5 - 22	16000.00	16000.00	0
65	事件65	2003 - 9 - 8	65201.32	65201.32	0
66	事件66	2006 - 6 - 16	12149.00	12149.00	0
67	事件67	2003 - 9 - 17	2000.00	2000.00	0
68	事件68	2010 - 4 - 1	47945048.70	47945048.70	0
69	事件69	2003 - 8 - 18	161022.62	161022.62	0
70	事件70	2008 - 10 - 18	10481767.88	10481767.88	0
71	事件71	2006 - 4 - 26	186344.78	186344.78	0
72	事件72	2009 - 1 - 20	169992.50	169992.50	0

续表

序号	事件名称	发现日期	风险暴露金额	实际损失金额	损失回收金额
73	事件73	2005 - 2 - 4	171003. 46	171003. 46	0
74	事件74	2005 - 3 - 5	428683. 83	428683. 83	0
75	事件75	2009 - 1 - 2	24704. 00	24704. 00	0
76	事件76	2010 - 4 - 23	12000. 00	12000. 00	0
77	事件77	2011 - 9 - 18	300000. 00	300000. 00	0
78	事件78	2008 - 12 - 12	226622. 35	226622. 35	0
79	事件79	2012 - 10 - 22	100000. 00	100000. 00	0
80	事件80	2010 - 5 - 6	8469. 00	8469. 00	0
81	事件81	2010 - 6 - 11	16442. 00	16442. 00	0
82	事件82	2008 - 10 - 8	180000. 00	180000. 00	0
83	事件83	2011 - 7 - 8	5000. 00	5000. 00	0
84	事件84	2011 - 9 - 30	5595484. 13	5595484. 13	0
85	事件85	2012 - 10 - 6	36600. 00	36600. 00	0
86	事件86	2007 - 9 - 1	452115. 73	452115. 73	0

10.4.3　实证分析及结果

将上述86条内部损失数据输入高级计量法模型，可以获得以下计算结果。

（1）频率分布结果

对上述内部损失数据进行统计分析，可看到每年发生的操作风险损失事件的次数会存在差异，但是会服从参数为4.3的泊松分布（见图10－8）。另外，经过卡方检验，其 P 值为0.758719，因此，接受其服从泊松分布的假设。

在接受上述内部损失数据服从参数为4.3的泊松分布的基础上，可以计算出每年发生 k 次操作风险损失事件的概率为：

$$P(N = k) = \frac{e^{-4.3} 4.3^k}{k!}, \quad k = 0,1,\cdots \qquad 10-18$$

因此，其概率分布情况如表10－8所示。

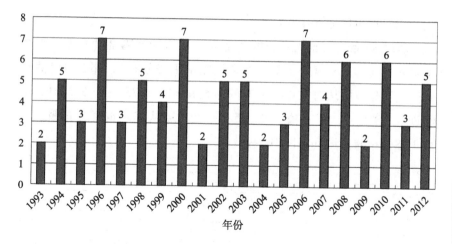

图10-8 年度内部损失事件发生频率统计图

表10-8 参数为4.3的泊松分布概率分布

发生次数	概率密度	累积概率
0	1.3568559%	1.3568559%
1	5.8344804%	7.1913363%
2	12.5441328%	19.7354691%
3	17.9799237%	37.7153928%
4	19.3284180%	57.0438107%
5	16.6224395%	73.6662502%
6	11.9127483%	85.5789985%
7	7.3178311%	92.8968295%
8	3.9333342%	96.8301638%
9	1.8792597%	98.7094234%
10	0.8080817%	99.5175051%
11	0.3158865%	99.8333916%
12	0.1131927%	99.9465842%
13	0.0374406%	99.9840249%
14	0.0114996%	99.9955245%
15	0.0032966%	99.9988210%
16	0.0008860%	99.9997070%
17	0.0002241%	99.9999311%
18	0.0000535%	99.9999846%
19	0.0000121%	99.9999967%
20	0.0000026%	99.9999993%
21	0.0000005%	99.9999999%
22	0.0000001%	100.0000000%

（2）严重度分布结果

假设 86 条内部损失数据的严重度（即风险暴露金额）服从对数正态分布（即风险暴露金额的对数值服从正态分布），那么可计算出其严重度分布服从对数正态分布的参数 $\mu = 11.1573$，$\sigma = 2.2161$，即经过 K－S 检验，其 P 值为 0.075，接受其服从其严重度分布服从对数正态分布的假设（见图 10－9）。

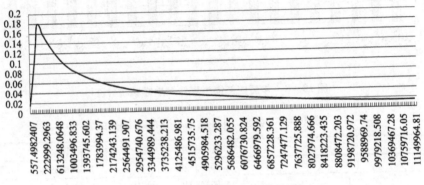

图 10－9　严重度分布的概率密度

（3）总损失分布结果

采用蒙特卡洛模拟方法计算上述频率分布和严重度分布的卷积，可获得总损失分布结果。表 10－9 是 23 次蒙特卡洛模拟结果。

将蒙特卡洛模拟次数增加到 100 万次，并将总损失金额从大到小的顺序排列，取第 1001 个较大的总损失金额，就得到了置信水平为 99.9% 的操作风险 VaR，也就是操作风险监管资本，此时操作风险监管资本是 148 824 895.31。

特别指出的是，由于蒙特卡洛模拟是以随机数为基础进行计算的，因此，每次计算的总损失金额和最终的操作风险监管资本都会不一样，但是随着模拟次数的增加（目前是 100 万次），最终的操作风险监管资本将趋于稳定。

表10-9 蒙特卡洛模拟过程（部分数据）

随机数	损失事件发生次数	总损失金额	单次金额	单次金额	单次金额	单次金额	单次金额	单次金额	单次金额
0.876422	7	768042.35	1232.50	25773.83	179330.42	63024.10	478093.00	13356.10	7232.12
0.518114	4	2827478.71	123.35	10930.71	156553.66	2659871.00	0.00	0.00	0.00
0.329919	3	405186.63	487.70	329632.68	75066.25	0.00	0.00	0.00	0.00
0.425868	4	211390.55	66109.26	23420.15	40256.93	81604.20	0.00	0.00	0.00
0.829794	6	302348.03	216713.81	59549.46	2744.59	1023.27	2449.66	19867.30	0.00
0.631955	5	573956.51	16240.09	276656.16	56362.26	42535.90	182162.00	0.00	0.00
0.293859	3	2206669.48	340738.22	1861530.70	4400.59	0.00	0.00	0.00	0.00
0.628364	5	1428092.50	355138.51	727183.85	147261.77	190933.00	7575.25	0.00	0.00
0.251581	3	800031.65	17712.77	771978.94	10339.94	0.00	0.00	0.00	0.00
0.281888	3	145439.67	10541.68	134174.80	723.19	0.00	0.00	0.00	0.00
0.419723	4	2603661.58	22660.49	769795.99	1749134.97	62070.10	0.00	0.00	0.00
0.192835	2	84268.27	73906.80	10361.47	0.00	0.00	0.00	0.00	0.00
0.924153	7	1474026.06	122115.31	3269.60	182106.85	60780.70	8174.38	1087162.00	10417.40
0.131685	2	1634816.79	1262102.72	372714.07	0.00	0.00	0.00	0.00	0.00
0.799388	6	6573817.38	48825.65	179188.39	469.08	132797.00	22389.30	6190148.00	0.00
0.202972	3	579363.59	17896.50	174240.29	387226.80	0.00	0.00	0.00	0.00
0.341875	3	415301.72	7258.61	406439.86	1603.26	0.00	0.00	0.00	0.00
0.703243	5	1837080.06	10552.64	982721.77	112587.22	65829.50	665389.00	0.00	0.00
0.061214	1	92133.50	92133.50	0.00	0.00	0.00	0.00	0.00	0.00
0.205951	3	959405.95	23390.26	303067.57	632948.12	0.00	0.00	0.00	0.00
0.754976	6	522573.49	23167.19	116382.57	195187.69	10615.50	90322.90	86897.70	0.00
0.401476	4	2006669.15	1422508.88	238410.15	9191.03	336559.00	0.00	0.00	0.00
0.334196	3	10428.56	2744.74	6196.10	1487.72	0.00	0.00	0.00	0.00

10.5　本章小结

本章在阐述操作风险含义、特征等相关知识的基础上，介绍了监管机构对于操作风险的监管方法和要求，着重描述了操作风险资本监管的重要方法——高级计量法，首先从理论方面介绍了高级计量法的建模流程和数据，然后从实践方面引入了部分虚拟数据实现了使用高级计量法计算操作风险监管资本的过程。

11　维护金融安全的政策建议

为了更好地维护我国金融安全，根据前面的分析，我们提出如下政策建议。

（1）抑制我国房价过快上涨，促进房价理性回归，保障我国的金融安全。第一，要严格依法查处房地产商的土地闲置、捂盘惜售等投机行为，完善住房交易市场信息披露制度，弥补市场缺陷。为从资金源头上杜绝上述行为，在严格控制房地产开发贷款的同时，注意银行贷款通过非信贷渠道向房地产业的流动，完善住房预售制度，加强对住房预售资金的监管。第二，进一步建立健全对投机性住房需求的甄别机制，全面推广差别化住房信贷政策，切断住房按揭贷款与投机性购房需求的联系。同时应拓宽投资渠道，引导民间资金流向实体经济部门。第三，改变政府财政过度依赖土地出让收益的现状，推进各地以产业结构调整为契机寻找新的经济增长点。同时增加住房建设用地供给，扩大保障性住房供给，完善保障性住房审查与退出机制；第四，调控政策应注意不同区域房价过快上涨原因的差异性，因地制宜、区别对待，避免全国一刀切；第五，加强影子银行管理，避免银行的信贷资金通过信托、理财等渠道进入房地产市场。

（2）加强债务风险的管控，做好评估工作。商业银行财务绩效是其理财水平的体现，是衡量银行是否盈利、是否稳健运营、是否具有坚强的抗风险能力等综合能力的指标，也是银行的投资、筹资及融资活动是否平衡的体现。财务绩效的高低是衡量上市银行效率的重要指标。我们认为，股本规模与财务绩效负相关，小规模银行的业绩高于大银行。我国大银行虽然比小规模银行有着较大的优势，但是主要业务还是存贷款业务，大规模银行要想提升绩效，需借鉴西方商业银行，在中间业务上有不断的创新以及提升服务质量；而小规模银行也要利用自身的优势，发展有特色的管理及服务，形成独特的竞争优势和服务品牌，才能不断发展壮大，为国际经济及金融的稳定发展做出贡献。

（3）注意金融操作风险，避免损失。金融监管在维护一国金融安全方面作用巨大，而商业银行的风险防范又是金融监管的核心。目前，信用风险和市场风险在实际中的研究及管理已较为成熟，但是操作风险的管理尚有很长的路要走。在操作风险管理方面，银行应该：①完善银行自身的治理结构，梳理适合自身的操作风险管理体系；文中给出的管理体系只是一个通用性的合理体系，而各个银行有其自身的管理结构及特点，应在现有的体系上建立适合自己银行的操作风险管理部门及管理体系；②完善内部控制机制，制定尽可能详细的业务规章制度和操作手册；操作风险很多情况下是由于银行管理制度不健全，由于人员因素造成损失，内控制度在此尤为重要；③开发适合的操作风险管理技术和方法；新巴塞尔协议以及我国银监会给出了商业银行操作风险监管的一系列要求及管理方法，但是并不是所有的银行都能完全按照协议及监管要求进行管理，比如，有些小的银行暂时没有能力开发一整套的操作风险管理系统，对操作风险的管理立足于定性分析上，而有的银行可以在监管要求的基础上，更为细致和合理地进行操作风险的定性及量化管理，无论如何，银行都应该在自身条件允许的情况下，建立健全适合本行的操作风险管理方法；④开发适合本行特点的操作风险管理系统和内部风险计量模型，尤其是计量模型方面，银监会给出了不同程度的操作风险计量方法，鼓励使用高级计量法，但是并不是所有的银行现在都能够做到这一步，所以，银行应该从基本指标法开始，到标准法以及高级计量法，一步步深化操作风险计量及管理。

（4）加强互联网金融风险的预防和治理。互联网金融是个新事物，其快速和超乎想象的发展带来了新的金融安全问题。第一，必须实行有效的金融监管，尽快出台具体的管理制度，明确各参与主体的责任和要求。对于可能影响全局的情况，提前设定条件，做出约束性安排；第二，必须明确商业银行责任，商业银行应在信息系统安全、容量和防火墙等方面实行重检，同时应加强流动性管理；第三，必须明确互联网金融主体责任，应建立有效的风险防控体系，加强与商业银行等市场参与者的合作，防止发生系统性风险；第四，必须建立资产保全制度体系，适时推行存款保险制度，促进形成市场化的金融风险防范和处置机制。

当然，随着社会和经济的快速发展，本书中研究的房价和商业银行问题也会随着时间的变化发生变化，但是，房地产市场的稳定发展以及商业银行的健康管理总是维护我国金融安全不可或缺的重要领域，在此研究的基础上，未来还有很多工作要做，无论如何，保障我国金融安全是每个时代都要面临的重要问题。

参考文献

[1] 王允贵. 产业安全问题与政策建议 [J]. 开放导报, 1997 (1): 27 - 32.

[2] 吕政. 自主创新与产业安全 [J]. 财经界, 2006 (1): 24 - 25.

[3] 成思危. 保障产业安全关键在改革 [J]. 山东经济战略研究, 2007 (12): 41 - 44.

[4] 何维达. 中国入世后产业安全与政府规制研究 [M]. 南昌: 江西人民出版社, 2003.

[5] 何维达, 李冬梅. 我国产业安全理论研究综述 [J]. 经济纵横, 2006 (8): 74 - 76.

[6] 王元龙. 关于金融安全的若干理论问题 [J]. 国际金融研究, 2004 (5): 11 - 18.

[7] 刘锡良, 孙磊. 我国政府对金融安全的影响和维护 [J]. 财经科学, 2006 (3): 1 - 5.

[8] 梁勇. 对外开放与维护我国的国家安全 [J]. 学术月刊, 1997 (7): 11 - 16.

[9] 刘沛, 卢文刚. 金融安全的概念及金融安全网的建立 [J]. 国际金融研究, 2001 (11): 50 - 56.

[10] 雷家骕. 中国金融安全——制度和操作层面的问题 [M]. 北京: 经济科学出版社, 2000: 2.

[11] 周道许. 金融全球化下的金融安全 [M]. 北京: 中国金融出版社, 2001: 9.

[12] [德] 弗里德里希·李斯特. 政治经济学的国民体系 [M]. 北京: 商务印书馆, 1981.

[13] [法] 雅克·阿达. 经济全球化 [M]. 何竟, 周晓幸, 译. 北京: 中央编译出版社, 2000.

[14] [日] 初獭龙平. 全球化的历史进程及其对亚洲的影响 [J]. 世界经济与政治, 2000 (6).

［15］［俄］B.梅德韦杰夫. 俄罗斯经济安全问题［J］. 国外社会科学, 1999 (1).

［16］［俄］B.K.先恰戈夫主编. 经济安全——生产、财政、银行［M］. 北京：中国税务出版社, 2003.

［17］［埃及］萨米尔·阿明. 不平等的发展（中译本）［M］. 北京：商务印书馆, 1990.

［18］联合国跨国公司中心. 三论世界发展中的跨国公司［M］. 北京：商务印书馆, 1992

［19］马杰. 经济全球化与国家经济安全［M］. 北京：经济科学出版社, 2000.

［20］赵瑾. 应对贸易摩擦的国际经验和中国选择［J］. 国际经济评论, 2005 (9－10).

［21］沈四宝. 美国、日本、欧盟贸易摩擦应对机制比较研究——兼论对我国的启示［J］. 国际贸易, 2007 (2).

［22］尹翔硕, 李春顶, 孙磊. 国际贸易摩擦的类型、原因、效应及化解途径［J］. 世界经济, 2007 (7)：74－85.

［23］孙瑞华. 贸易自由化条件下影响我国产业安全的环境因素分析［J］. 经济体制改革, 2005 (6)：16－20.

［24］金碚. 中国工业国际竞争力——理论、方法与实证研究［M］. 北京：经济管理出版社, 1997.

［25］赵英. 超越危机：国家经济安全监测预警［M］. 福州：福建人民出版社, 1999.

［26］赵英、李海舰. 大国之途——21世纪的中国经济安全［M］. 昆明：云南人民出版社, 2006.

［27］许铭. 中国产业安全问题分析［M］. 太原：山西经济出版社, 2006.

［28］王洛林. 全球化与中国［M］. 北京：经济管理出版社, 2010.

［29］薛荣久. 经济全球化的影响与挑战［J］. 世界经济, 1998 (4).

［30］赵刚箴. 评美国新国家安全战略报告［J］. 现代国际关系, 1999 (3).

［31］朱棣. 入世后的中国产业安全［M］. 上海：上海财经大学出版社, 2006.

［32］商务部产业损害调查局. 加入世贸组织六年来中国产业安全状况评估报告［M］. 北京：中国商务出版社, 2008.

［33］黄烨菁. 中国信息技术产业的发展与产业安全［J］. 世界经济研究, 2004 (9).

［34］马有才, 赵映超. 产业安全理论研究综述——兼论高新技术产业安全的特点［J］. 科技管理研究, 2009 (12).

[35] 顾海兵. 当前中国经济的安全度估计 [J]. 科技日报, 1997.

[36] 余永定, 郑秉文, 等. 中国"入世"研究报告: 进入 WTO 的中国产业 [M]. 北京: 社会科学文献出版社, 2000.

[37] 杨公朴, 夏大慰. 现代产业经济学 [M]. 上海: 上海财经大学出版社, 1999.

[38] 张碧琼. 经济全球化风险与控制 [M]. 北京: 中国社会出版社, 1999.

[39] 郑通汉. 经济全球化中的国家经济安全问题 [M]. 北京: 国防大学出版社, 1999.

[40] 王永县. 国外的国家经济安全研究与战略 [M]. 北京: 经济科学出版社, 2000.

[41] 李坤望, 刘重力. 经济全球化: 过程、趋势与对策 [M]. 北京: 经济科学出版社, 2000.

[42] 景玉琴, 高洪力, 高艳华. 创造有利于产业安全的制度环境 [J]. 理论前沿, 2004 (24).

[43] 王金龙. 反倾销视角下我国产业安全的维护 [J]. 当代经济研究, 2004 (11).

[44] 黄志勇, 王玉宝. FDI 与我国产业安全的辨证分析 [J]. 世界经济研究, 2004 (6).

[45] 高虎城. 产业国际竞争与产业安全 [J]. 科学决策, 2004 (9).

[46] 高虎城. 努力提升产业国际竞争力, 切实维护国内产业安全 [J]. 中国经贸导刊, 2004 (5).

[47] 谢莹, 喻文清. 入世后维护我国产业安全的法律措施 [J]. 法学杂志, 2004 (3).

[48] 卢新德. 跨国公司本土化战略与我国产业安全 [J]. 世界经济与政治论坛, 2004 (3).

[49] 王琴华. 认真做好产业损害调查和维护产业安全工作 [J]. 中国经贸导刊. 2004 (13).

[50] 景玉琴. 产业安全概念探析 [J]. 当代经济研究, 2004 (3).

[51] 景玉琴. 论运用产业保护措施维护我国产业安全 [J]. 经济学家, 2003 (6).

[52] 杨卫东, 曹洪谦. 合理运用世贸组织规则维护产业安全 [J]. 首都经济, 2003 (6).

[53] 马克. 努力掌握反倾销法律规则, 切实保护国内产业安全 [J]. 中国经贸导刊, 2003 (15).

[54] 汪浩泳, 孔娴. 外商直接投资对中国产业安全的影响 [J]. 企业经济, 2003 (1).

[55] 韩未名. 我国产业安全面临的挑战及原因、对策、发展态势 [J]. 云南财贸学院学报（社会科学版），2003（1）.

[56] 夏兴园，王瑛. 国际投资自由化对我国产业安全的影响 [J]. 中南财经大学学报，2001（2）.

[57] 祝年贵. 利用外资与中国产业安全 [J]. 财经科学，2003（5）.

[58] 李连成，张玉波. FDI 对我国产业安全的影响和对策探讨 [J]. 云南财贸学院学报（经济管理版），2002（2）.

[59] 谢峻锋，程燕婷. 入世对中国金融产业安全的影响 [J]. 石家庄经济学院学报，2002（2）.

[60] 吴岩. 反倾销条例——保护产业安全的有力武器 [J]. 企业管理，2002（2）.

[61] 史忠良，何维达. 经济全球化与国家经济安全 [M]. 经济管理出版社，2003.

[62] 何维达. 中国"入世"后的产业安全问题及其对策 [J]. 经济学动态，2001（11）：41－44.

[63] 何维达，何昌. 当前中国三大产业安全的初步估算 [J]. 中国工业经济，2002（2）：25－31.

[64] 何维达等著. 开放市场下的产业安全与政府规制 [M]. 江西人民出版社，2003.

[65] 何维达，潘玉璋，李冬梅. 产业安全理论评价与展望 [J]. 科技进步与对策，2007（04）.

[66] 何维达，于一，陈宝东. 金融危机对我国商业银行公司治理的启示 [J]. 投资研究，2009（7）.

[67] 何维达，陈雁云. 我国机械工业经济安全的 DEA 模型估算 [J]. 国际贸易问题，2005（6）.

[68] 何维达. 中国若干重要产业安全的评价与估算 [M]. 北京：知识产权出版社. 2008.

[69] 何维达. 全球化背景下国家经济安全与发展 [M]. 北京：机械工业出版社，2012

[70] 何维达，李冬梅. 我国产业安全理论研究综述 [M]. 经济纵横，2006（8）：74－76.

[71] 何维达. 提升我国石油产业竞争力的对策研究 [J]. 成果要报，2011（25）：1－8.

[72] 何维达，刘亚宁，陆平. 铁路债务风险及化解对策 [J]. 宏观经济管理，

2013 (7): 74 - 76.

[73] 何维达, 李孟刚. 分类处理中国铁路总公司债务 [J]. 成果要报, 2013 (6): 3 - 8.

[74] 于一, 何维达. 货币政策、信贷质量与银行风险偏好的实证检验 [J]. 国际金融研究, 2011 (11): 59 - 68.

[75] 郑世林, 周黎安, 何维达. 电信基础设施与中国经济增长 [J]. 经济研究, 2014 (5): 77 - 90

[76] 李连成, 张玉波. 试析 FDI 与我国产业安全 [J]. 经济前沿, 2001 (12).

[77] 黄建军. 中国的产业安全问题 [J]. 财经科学, 2001 (6).

[78] 夏兴园, 王瑛. 论经济全球化下的国家贸易安全 [J]. 经济评论, 2001 (6).

[79] 赵娴. 开放经济中的金融安全问题及其保障对策 [J]. 现代财经——天津财经学院学报, 2006 (2).

[80] 路晶. 金融全球化与我国的金融安全分析 [J]. 首都经济贸易大学学报, 2005 (4).

[81] 张汉林, 李杨. 利用 WTO 体制维护我国国家经济安全 [J]. 科学决策, 2005 (1).

[82] 陆凯旋. 我国金融安全问题探析 [J]. 财贸经济, 2005 (8).

[83] 王前超. 跨国公司战略性并购对我国产业安全的影响及对策 [J]. 亚太经济, 2006 (4).

[84] 于新东. 产业保护和产业安全的理论分析 [J]. 上海经济研究, 1999 (2).

[85] 李孟刚. 产业安全理论 [M]. 北京: 高等教育出版社, 2010.

[86] 曹秋菊. 中国产业安全研究的最新进展: 一个文献综述 [J]. 经济研究导刊, 2009 (28).

[87] 何维达. 全球化背景下国家经济安全与发展 [M]. 机械工业出版社, 2012

[88] Demirguc - Kunt. Detragiache Financial Liberalization and Financial Fragility [IMF Working Paper WP/98/83] 1998.

[89] 黄玉德. 影响银行安全的因素分析 [J]. 金融时报, 2003. 10. 20.

[90] Minsky, Hyman P.. The Financial Instability Hypothesis: Capitalistic Processes and the Behavior of the Economy, in C. P. Kindleberger and J. P. Laffargue, eds., Financial Crises: Theory, History and Policy (Cambridge: Cambridge University Press), Park, Sangkyun, 1082: 13 - 29.

[91] Krugman P.. Bubble Boom, Crash: Theoretical Notes on Asia'S Crisis [D]. Working paper, Mrr, Cambridge, Massachussetts, 1998: 15 - 56.

［92］ Samuelson, Paul A.. The Pure Theory of Public Expenditure ［J］. Review of Economics and Statistics, 1954, 36 (4): 387 - 389.

［93］ 托马斯·梅耶. 货币银行与经济 ［M］. 上海：上海人民出版社, 2004.

［94］ Roubini, Nouriel. Bail - In, Burden - Sharing, PrivateSectorInvolvement (PSI) in Crisis Resolution andConstructive Engagement of the Private Sector. A Primer: Evolving Definitions, Doctrine, Practice and Case Law. Stern School of Business, New York University, NBER and CEPR, 2000. 7.

［95］ 金洪飞. 理性政府下的货币危机及其传染 ［J］. 当代财经, 2003 (1): 41 - 43.

［96］ 何颖, 徐长生. 从东亚金融危机看货币危机与银行危机的共生性 ［J］. 华中理工大学学报（社科版）, 2000 (3).

［97］ 陈金明. 中国金融发展与经济安全研究 ［D］. 北京：中国社会科学院研究生院, 2002.

［98］ 戈德史密斯. 金融结构与金融发展 ［M］. 上海：上海三联书店, 1990: 22 - 23.

［99］ Krugman, P.. A Model of Balance - of - Payments Crises ［J］. Journal of Money Credit and Banking, 1979, 11 (3): 311 - 25.

［100］ Obstfeld, M. The Logic of Currency Crises ［J］. Cahiers Economiques et Monetaires, Bank of France, 1994, (43): 189 - 213.

［101］ Chang, R. and A.. Financial Crises in Emerging Market: A Canonical Model ［J］. NBER Working Paper, Velasco (1998a): 6606.

［102］ Chang, R. and A. Velasco (1998b). The Asian Liquidity Crisis ［J］. NBER Working Paper No. 6796.

［103］ Goldfajn Ilan and Rodrigo O.. Capital Flows and the Twin Crises: The Role of Liquidity ［J］. IMF Working Paper, Valdes 1997, 97/87 32.

［104］ Radelet, Stephen, and Jeffrey D. Sachs. The East Asian Financial Crisis: Diagnosis, Remedies, Prospects, 1998, (1): 1 - 90.

［105］ Wang, S.. State Misallocation and housing prices: theory and evidence from china ［J］. American Economic Review, 2011 (101): 2081 - 2107.

［106］ 况伟大. 预期、投机与中国城市房价波动 ［J］. 经济研究, 2010a (9): 67 - 78.

［107］ McCarthy, J., Peach, R. W.. Are home prices the next "bubbles" ［R］. FRBSF Economic Letter, 2004 (2), 15 - 23.

[108] Ayuso, J., Restoy, F.. House prices and rents: An equilibrium asset pricing approach [J]. Journal of Empirical Finance, 2006 (13): 371 – 388.

[109] 况伟大. 利率对房价的影响 [J]. 世界经济, 2010b (4): 134 – 245.

[110] 张亚丽，梁云芳，高铁梅. 预期收入、收益率和房价波动——基于 35 个城市动态面板模型的研究 [J]. 财贸经济, 2011 (1): 122 – 129.

[111] Xu, X. E., Chen, T.. The effect of monetary policy on real estate price growth in china [J]. Pacific – Basin Finance Journal, Accepted Paper Series, 2011.

[112] 余华义. 经济基本面还是房地产政策在影响中国的房价 [J]. 财贸经济, 2010 (3): 116 – 122.

[113] 沈悦，周奎省，李善燊. 利率影响房价的有效性分析——基于 FAVAR 模型 [J]. 经济科学, 2011 (1): 60 – 69.

[114] 史永东，陈日清. 不确定性条件下的房地产价格决定：随机模型和经验分析 [J]. 经济学（季刊）, 2008 (1): 211 – 230.

[115] 杨帆，卢周来. 中国的"特殊利益集团"如何影响地方政府决策——以房地产利益集团为例 [J]. 管理世界, 2010 (6): 65 – 73.

[116] 陈超，柳子君，肖辉. 从供给视角看我国房地产市场的"两难困境" [J]. 金融研究, 2011 (1): 73 – 93.

[117] Higgins, M., Osler, C.. Asset market hangovers and economic growth: The OECD during 1984 – 1993 [J]. Oxford Review of Economic Policy, 1999 (13): 110 – 134.

[118] Collyns, C., Senhadji, A.. Lending booms, real estate bubbles and the Asian crisis [R]. IMF Working Paper, 2002: 20.

[119] Leamer, E.. Housing is the business cycle [R]. NBER Working Paper, 2007: 13428.

[120] Stiglitz, J. E.. Symposium on bubbles [J]. Journal of EconomicsPerspectives, 1990 (2): 13 – 18.

[121] Krainer, J.. House price bubbles [J]. FRBSF Economic Letter, 2003 (3): 32 – 45.

[122] 韩冬梅，刘兰娟，曹坤. 基于状态空间模型的房地产价格泡沫问题研究 [J]. 财经研究, 2008 (1): 126 – 135.

[123] 沈悦，刘洪玉. 住宅价格与城市基本面：1995—2002 年中国 14 城市的实证研究 [J]. 经济研究, 2004 (6): 78 – 86.

[124] 陈彦斌，邱哲圣. 高房价如何影响居民储蓄和财产不平等 [J]. 经济研

究，2011（10）：25 – 38.

[125] 梁云芳，高铁梅. 中国房地产价格波动区域差异的实证分析 [J]. 经济研究，2007（8）：133 – 142.

[126] 黄静. 房价上涨与信贷扩张：基于金融加速器视角的实证分析 [J]. 中国软科学，2010（8）：61 – 69.

[127] Case, K. E., Shiller, R. J.. Forecasting prices and excess returns in the housing market [R]. NBER Working Papers, 1990：3368.

[128] Potepan, M. J.. Explaining Intermetropolitan Variation in Housing Prices, Rents and Land Prices [J]. Real Estate Economics, American Real Estate and Urban Economics Association, 1996, (24): 219 – 245.

[129] Quigley, J. M.. Real estate prices and economic cycles [J], International Real Estate Review, Asian Real Estate Society, 1999 (2): 1 – 20.

[130] Terrones, M., Otrok C.. The global house price boom [J]. IMF World Economic Outlook, 2004：71 – 136.

[131] Holly, S., Pesaran, M., Yamagata, T.. A spatio – temporal model of house prices in the US Cambridge [R]. Working Paper in Economics 654, 2007.

[132] Koetter, M., Poghosyan, T.. Real estate prices and bank stability [J]. Journal of Banking and Finance 34, 2010：1129 – 1138.

[133] 王维. 房地产基础价值及泡沫类型解析——以上海市为例 [J]. 经济学家，2009（7）：18 – 24.

[134] 赵安平，范衍铭. 基于卡尔曼滤波方法的房价泡沫测算——以北京市场为例 [J]. 财贸研究，2011（1）：59 – 65.

[135] Annett, A.. House price and monetary policy in the Euroarea. In Euro Area Policies [R]. Selected Issues. IMF Country Report No. 05/266, 2005：62 – 86.

[136] Almeida, H., Campello, M., Liu, C.. The financial accelerator：Evidence from the international housing markets [J]. Review of Finance, 2006：10 (3), 441 – 462.

[137] Égert, B., Mihaljek, D.. Determinants of house prices in Central and EasternEurope [J]. Comparative Economic Studies, 2007 (49): 367 – 388.

[138] Pesaran, H., Smith, R.. Estimating long – run relationships from dynamic heterogeneous panels [J]. Journal of Econometrics, 1995 (68): 79 – 113.

[139] Pesaran, H., Shin, Y., Smith, R.. Pooled mean group estimation of dynamic heterogenous panels [J]. Journal of the American Statistical Association,

1999 (68)：621 –634.

[140] Kholodilin, K. , Menz, J. – O. , Siliverstovs, B. . What drives housing prices down? Evidence from an international panel ［R］. DIW Discussion Paper, 2008：758.

[141] Im, K. S. , Pesaran M. , Shin Y. . Testing for unit roots in heterogeneous panels ［J］. Journal of Econometrics, 2003 (115)：53 –74.

[142] Maddala, G. S. , Wu S. . A comparative study of unit root tests with panel data and a new sample test ［J］. Oxford Bulletin of Economics and Statistics, 1999 (61)：631 –651.

[143] Herring, R. J. , Wachter, S. . Real estate booms and banking busts：An international perspective ［J］. Occasional Papers Group of Thirty, 1999：58.

[144] Niinimaki, J. P. . Does collateral fuel moral hazard in banking ［J］. Journal of Banking and Finance, 2009 (33)：514 –521.

[145] Gerlach, S. , Peng, W. . Bank lending and property prices in Hong Kong ［J］. Journal of Banking and Finance , 2005 (29)：461 –481.

[146] 张涛, 龚六堂, 卜永祥. 资产回报住房按揭贷款与房地产均衡价格 ［J］. 金融研究, 2006 (2)：1 –11.

[147] 易宪容. 信用扩张的合理界限与房价波动研究 ［J］. 财贸经济, 2009 (8)：5 –14.

[148] 袁志刚, 樊萧彦. 房地产市场理性泡沫分析 ［J］. 经济研究, 2003 (3)：34 –44.

[149] Wintoki, M. B. , Linck, J. S. and Netter J. M. . Endogeneity and the dynamics of internal corporate governance ［R］. CELS 2009 4th Annual Conference on Empirical Legal Studies Paper. , 2010.

[150] Arellano, M. , Bond, S. . Some tests of specification for panel data ［J］. Review of Economic Studies, 1991 (58)：77 –297.

[151] Arellano, M. , Bover, O. . Another look at the instrumental variables estimation of error – components models ［J］. Journal of Econometrics, 1995 (68)：29 –51.

[152] Blundell, R. , Bond, S. . Initial conditions and moment restrictions in dynamic panel data models ［J］. Journal of Econometrics, 1999 (87)：115 –143.

[153] 樊纲, 王小鲁, 朱恒鹏. 中国市场化指数——各地区市场化相对进程报告 ［M］. 北京：经济科学出版社, 2010.

[154] 李勇, 王有贵. 基于状态空间模型的中国房价变动的影响因素研究 ［J］.

南方经济, 2011 (2)：38 - 45.

[155] 丁晨, 屠梅曾. 论房价在货币政策传导机制中的作用——基于 VECM 分析 [J]. 数量经济技术经济研究. 2007 (11)：106 - 114.

[156] Farrell M. J. The measurement of Productive effiviency [J]. Journal of the Royal Statistical Society, 1957.

[157] 纪建悦, 王翠. 利益相关者关系与商业银行财务绩效因果关系实证研究 [J]. 中国管理科学. 2010, 11 (18)：700 - 708.

[158] 彭剑君, 朱庆须, 蒋伊丹. 上市银行企业财务绩效与社会责任关系研究 [J]. 统计与决策, 2011 (20)：182 - 184.

[159] 商正平, 李仪简. 我国商业银行股权结构对银行绩效影响的实证分析——基于国家持股与银行绩效非线性关系的视角 [J]. 中央财经大学学报, 2010：4, 18 - 23.

[160] 林略, 郑晏. 银行行长薪酬激励、银行绩效与银行风险——基于 14 家上市银行数据分析 [J]. 金融理论与实践, 2013. 2 (403)：37 - 41.

[161] 宋琴, 郑振龙. 巴塞尔协议Ⅲ、风险厌恶与银行绩效 [J]. 国际金融研究, 2011. 7：67 - 73.

[162] 黄菁. 产权结构、银行家模式与银行绩效关系研究 [J]. 商业时代, 2012 (34)：57 - 58.

[163] 刘海云, 魏文军, 欧阳建新. 基于市场、股权和资本的中国银行业绩研究 [J]. 国际金融研究, 2005. 5：62 - 67.

[164] 刘静, 李小桃, 易珊. 我国商业银行绩效评价指标体系设计 [J]. 商业时代, 2013. 33：72 - 73.

[165] 林森. 基于 StoNED 方法的中国商业银行绩效研究 [J]. 统计与决策. 2009, 7 (283)：123 - 125.

[166] 李双杰, 韩伶敏. 中国上市银行绩效分析 [J]. 价格月刊. 2011, 03 (406)：82 - 86.

[167] 韩明, 谢赤. 我国商业银行绩效考评体系研究 [J]. 金融研究. 2009, 03 (345)：106 - 118.

[168] 谭中明. 我国商业银行效率分析 [J]. 中国软科学, 2002 (3).

[169] 侯敏. 股份制商业银行财务纯净指标体系构建 [S]. 中国地质大学硕士学位论文, 2011.

[170] 魏俭. 我国商业银行跨国并购 [J]. 商业时代, 2013 (14)：89 - 90.

[171] 上官飞, 舒长江. 基于因子分析的中国商业银行绩效评价 [J]. 经济问

题，2011 (1).

[172] 刘明华. 银行监管与风险管理 [J]. 武汉金融，2003 (2)：4-7.

[173] 张海鹏.《巴塞尔新资本协议》下的商业银行操作风险管理 [J]. 辽宁经济，2010 (3)：62-63.

[174] 兰琳. 基于内部控制视角的银行操作风险管理研究 [J]. 中国证券期货，2012 (12)：110-111.

[175] 王修华，黄满池. 基于新巴塞尔协议的银行操作风险管理 [J]. 经济问题，2004 (10)：57-59.

[176] 李宝宝. 商业银行操作风险管理研究综述 [J]. 南京社会科学，2011 (12)：144-149.

[177] 钱浩辉，徐学峰. 我国商业银行操作风险管理问题解析 [J]. 货币银行，2011 (12)：27-33.

[178] 李顺利. 基于损失分布法的银行操作风险度量研究综述 [J]. 财政金融，2013 (12)：178-179.

[179] 陆静，张佳. 基于信度理论的商业银行操作风险计量研究 [J]. 管理工程学报，2013 (2)：160-166.

[180] 明瑞星，谢铨. 尾相关 Copula 在操作风险计量中的应用 [J]. 统计与决策，2013 (1)：86-88.

[181] 杨旭. 多变量极值理论在银行操作风险度量中的运用 [J]. 数学的实践与认识，2006 (12)：193-197.

[182] 吴恒煜，赵平，严武，王辉，吕江林. 运用 Student T - Copula 的极值理论度量我国商业银行的操作风险 [J]. 2011 (1)：157-163.

[183] 中国银行业监督管理委员会. 商业银行资本管理办法. 2012.6.

[184] 中国银行业监督管理委员会. 商业银行操作风险监管资本计量指引，2008.

[185] Wang Z., Wang W., Chen X., Jin Y., Zhou Y. Using BS - PSD - LDA approach to measure operational risk of Chinese commercial banks [J]. Economic Modelling, 2012 (29)：2095-2103.

[186] Lu Z. Modeling the yearly Value - at - Risk for operational risk in Chinese commercial banks [J]. Mathematics and Computers in Simulation, 2011 (82)：604-616.

[187] 张宏毅，陆静. 运用损失分布法的计量商业银行操作风险 [J]. 系统工程学报，2008，23 (4)：411-416.

[188] 段军山. 我国商业银行整体操作风险分析 [J]. 科学决策，2010 (9)：

22 – 27.

[189] 钟伟，沈闻一. 新巴塞尔协议操作风险的损失分布法框架 [J]. 上海金融，2004 (7).

[190] 钟伟，王元. 新巴塞尔协议的操作风险管理框架 [J]. 国际金融研究，2004.

[191] 屈华. 商业银行实施操作风险高级计量法所面临的挑战及其应对策略 [J]. 现代商业银行导刊，2010 (3).

[192] 屈华. 澳新银行风险驱动和控制方法及其启示 [J]. 现代商业银行导刊，2009 (9).

[193] Basel Committee on Banking Supervision. Operational Risk – Supervisory Guidelines for the Advanced Measurement Approaches, 2011.

[194] 缑程，屈华. 情景分析在操作风险高级计量法中的应用研究 [J]. 现代商业银行导刊，2013 (4).

后　记

　　本专著是国家社科基金重大项目《经济全球化背景下中国产业安全》的部分研究成果，由江西理工大学和北京科技大学联合出版。本专著的顺利完成，首先，要感谢国家社会科学规划办公室，如果没有项目经费的支持，就不可能完成课题，更不可能完成本专著。其次，要感谢国家发展与改革委员会、商务部等政府机构提供的咨询与建议。再次，要感谢中国钢铁协会、中国汽车协会以及众多企业的支持，如果没有这些单位的支持和协助，我们的调研和问卷就没有办法进行。在此还要感谢江西理工大学和北京科技大学领导的支持。最后，我们要感谢知识产权出版社蔡虹老师的辛勤劳动。

　　本专著的主要分工和撰写人员是：第1章和第2章，何维达（江西理工大学，北京科技大学）；第3章，刘立刚（江西理工大学）；第4章，何维达，陈宝东（北京科技大学，中国建设银行）；第5章，何维达，于一（北京科技大学）；第6章，刘立刚，陈宝东；第7章，谢湲（北京科技大学），何维达；第8章，曹伟华（北京科技大学）；第9章，何维达，陈宝东；第10章，刘立刚，陈宝东；第11章，陈宝东，何维达。最后由何维达教授、刘立刚教授负责总纂。